综合交通运输理论丛书

# 综合立体交通网评价理论与实践

刘振国　李艳红　姜彩良　梁科科　编著

人民交通出版社
北京

## 内 容 提 要

本书从综合立体交通网的内涵与特征出发，在分析综合立体交通网构成与发展要求的基础上，研究了综合立体交通网规划与构建方法，总结了国内外综合交通网发展理论与实践经验，分析了综合立体交通网建设需求和客货运输需求特征，提出了综合立体网交通网评估的程序及内容，最后给出了综合立体交通网评价指标和测算方法。

本书可为从事交通运输规划研究、城市群和区域经济研究的专业技术人员、管理人员提供参考，也可供院校交通运输、区域经济相关专业的师生学习使用。

**图书在版编目（CIP）数据**

综合立体交通网评价理论与实践 / 刘振国等编著.
北京 ：人民交通出版社股份有限公司, 2025. 1.
ISBN 978-7-114-19863-2

Ⅰ. U491.1

中国国家版本馆 CIP 数据核字第 2024N30M11 号

Zonghe Liti Jiaotongwang Pingjia Lilun yu Shijian

**书　　名：综合立体交通网评价理论与实践**
**著 作 者：**刘振国　李艳红　姜彩良　梁科科
**责任编辑：**陈力维
**责任校对：**赵媛媛　魏佳宁
**责任印制：**张　凯
**出版发行：**人民交通出版社
**地　　址：**（100011）北京市朝阳区安定门外外馆斜街 3 号
**网　　址：**http://www.ccpcl.com.cn
**销售电话：**（010）85285857
**总 经 销：**人民交通出版社发行部
**经　　销：**各地新华书店
**印　　刷：**北京建宏印刷有限公司
**开　　本：**787×1092　1/16
**印　　张：**7.5
**字　　数：**142 千
**版　　次：**2025 年 1 月　第 1 版
**印　　次：**2025 年 1 月　第 1 次印刷
**书　　号：**ISBN 978-7-114-19863-2
**定　　价：**68.00 元

# 前　言

PREFACE

随着中共中央、国务院相继印发《交通强国建设纲要》《国家综合立体交通网规划纲要》(简称“两个纲要”),其作为建设交通强国的顶层设计和系统谋划,掀开了新时代交通运输工作的新篇章。《交通强国建设纲要》明确了“建设现代化高质量综合立体交通网络”的任务。《国家综合立体交通网规划纲要》提出“到本世纪中叶,全面建成现代化高质量国家综合立体交通网,拥有世界一流的交通基础设施体系”“实现‘人享其行、物优其流’”。

构建现代化高质量综合立体交通网是重要的理论与实践创新,相对于传统交通运输网络,综合立体交通网更强调发挥各运输方式的比较优势和组合效率,通过优化体系结构、加强衔接协调、提升服务品质、增强系统韧性,实现整体效能提升。因此,探讨如何更好建设现代化高质量综合立体交通网,对其开展科学、客观的评价工作,对于有效指导各行业、各地方、各区域规划建设综合立体交通网,具有重要的实践意义。

本书从综合立体交通网的内涵与特征出发,在分析综合立体交通网的构成与发展要求的基础上,总结国内外综合交通网发展与实践经验,探讨了综合立体交通网规划构建方法,提出了综合立体交通网评价的理论方法,并给出综合立体交通网评价指标和测算方法。期望本书的出版,能够助力国家及各地方综合立体交通网的构建与评价工作,为推进现代化综合交通运输体系贡献力量。

本书关于综合立体交通网的思考、分析、论述,是以交通运输战略规划政策项目“综合立体交通网评价指标体系研究”和中央级公益性科研院所基本科研业务费项目“多源多维数据支持的综合立体交通网规划关键技术研究及示范应用”等相关课题成果为基础,在交通运输部的指导支持下,与交通运输部规划研究院、清华大学等单位相关专家、学者共同研究的成果，在此向相关人员一并致以诚挚的谢意。

需要说明的是，开展本项课题花费了大量时间和经费来收集基础资料和数据，随着综合立体交通网理论与实践的不断发展，参与研究和编写人员的认知也在不断提升。限于研究水平，本书中可能存在诸多不足之处，有些观点可能会存在一定的争议，敬请行业内外的专家、学者和领导批评指正。

作　者

2024 年 3 月

# 目 录

CONTENTS

**第 1 章　概述** ······1

1.1　综合立体交通网内涵与特征······3

1.2　综合立体交通网的构成与发展要求······5

**第 2 章　综合立体交通网发展历程** ······11

2.1　综合交通运输体系理论与实践历程······13

2.2　我国综合立体交通网发展历程······16

2.3　我国综合立体交通网问题剖析······23

**第 3 章　国内外交通网发展经验借鉴** ······27

3.1　国外交通网构建与评价······29

3.2　国外相关交通网建设的启示······37

3.3　国外相关规划评价综述······40

3.4　我国交通运输规划评价······43

**第 4 章　综合立体交通网规划与构建** ······47

4.1　现有交通运输规划分类与实践······49

4.2　综合立体交通网构建面临新形势、现状与发展要求······54

4.3　综合立体交通网规划方法······58

**第 5 章　综合立体交通网影响因素** ······67

5.1　影响因素及其机理······69

5.2 影响因素的发展趋势……75

**第6章 综合立体交通网评价**……79

6.1 评价背景与定位……81
6.2 综合立体网评价要求……82
6.3 评价内容与方法……83
6.4 评价组织与程序……89

**第7章 综合立体交通网评价指标**……91

7.1 指标构建总体思路……93
7.2 指标准则构建……93
7.3 指标构建……97
7.4 典型指标确定与测算……102

**附录 综合立体交通网各运输方式技术经济特征概述**……109

**参考文献**……113

# 第 1 章

# 概述

# 1.1　综合立体交通网内涵与特征

## 1.1.1　综合交通运输概念、内涵和特征

（1）综合交通运输概念提出

交通运输是国民经济中基础性、先导性、战略性产业和重要的服务性行业，是社会经济运行、人民群众生产生活不可缺少的重要环节。综合交通运输是交通运输发展到现代阶段的产物，是在铁路、公路、水运、航空、管道等现代运输方式发展的基础上孕育、形成和演变的。由于各国国情和经济发展的差异，不同国家对综合交通运输概念的认识也不同。随着中共中央、国务院相继印发《交通强国建设纲要》《国家综合立体交通网规划纲要》，现代综合交通运输体系建设进入加速推进、发挥整体效能的重要时期。

综合交通运输经过多年的理论研究和实践推动，目前仍没有统一的定义、内容描述与范围界定，但基本形成了一个共识，即**综合交通运输是体现国家经济社会发展战略，充分发挥现代各种运输方式比较优势，促进各种运输方式一体化协调发展，使其用户效用和社会效益实现最优的交通运输有机整体。**

（2）综合交通运输的内涵与特征

从内涵上讲，综合交通运输是现代交通运输发展的一种科学理念及实践活动，是以最合理的运输方式最大限度地满足国民经济及社会发展对运输（人与物位移）的需求。交通运输始终追求以最小的社会资源消耗、最低的运输成本、最大限度地满足经济社会运输需求。通过发展综合交通运输，加强各种运输方式的优化配置，能有效实现这一目的。从这个角度讲，综合交通运输是实现现代交通运输高效发展的基本途径。

综合交通运输的特征表现在以下几个方面：**一是在目标导向上，**综合交通运输强调在综合发展与合理利用现代各种运输方式的基础上，有效降低经济、时间成本，节约资源、保护环境，实现用户效用和社会效率的最大化；**二是在发展路径上，**综合交通运输强调通过现代先进技术的应用，实现综合交通运输系统与其外部环境之间、综合交通运输系统内各组成部分之间协调发展和有机融合，形成一体化发展状态；**三是在发展模式上，**综合交通运输发展以实现可持续发展为准则，强调与经济、社会、环境发展相协调，适应经济社会和人们生活高质量发展的需求。

### 1.1.2 综合立体交通网的概念和内涵

便捷高效的交通基础设施网络是现代社会经济运行和发展的重要基础，对于促进产业结构优化、引领区域协调发展、推动乡村振兴和提升国家综合实力，具有重要的作用。《交通强国建设纲要》首次提出建设现代化高质量综合立体交通网络，指出要统筹铁路、公路、水运、民航、管道、邮政等基础设施规划建设，以多中心、网络化为主形态，完善多层次网络布局，优化存量资源配置，扩大优质增量供给，实现立体互联，增强系统弹性。

综合立体交通网是通过综合交通枢纽与复合运输通道，有效衔接铁路、公路、水运、民航、管道等多种交通运输方式，形成交通方式综合化、空间布局立体化、交通运输一体化的骨架交通网；是基于不同交通运输方式间的协同互补，发挥不同交通运输方式的各自优势，满足交通运输需求的多样性与差异性，实现交通运输"安全、便捷、高效、绿色、经济、包容、韧性"的交通网络。

**专栏 1 国家级综合立体交通网规划**

2007 年，国家发展和改革委员会发布《综合交通网中长期发展规划》，第一次从国家层面提出综合交通网的概念，即综合交通网涵盖铁路、公路、水运、民航和管道五种运输方式，通过在地理空间上和功能上的有机组合、衔接，形成网络布局，构成了综合交通体系的基础。

2021 年，中共中央、国务院发布《国家综合立体交通网规划纲要》，明确规划范围为全国陆、水、空域，涵盖铁路、公路、水运、民航、管道、邮政及未来新型交通运输方式。国家综合立体交通网包括五种运输方式和邮政国家级基础设施的线网及枢纽节点，连接全国主要城市、行政中心、经济中心、主要口岸、重要工业和能源生产基地、主要景区，辐射国际主要政治、经济中心，满足国家经济、政治、社会、国土、安全等方面需求，是我国最高层次的海陆空综合交通运输网络。

### 1.1.3 综合立体交通网的特征

综合立体交通网的主要特征为交通方式结构合理、设施布局立体集约、网络衔接一体协同。

（1）交通方式结构合理

综合立体交通网涵盖了铁路、公路、水运、民航管道等多种交通运输方式，发挥不同交通运输方式的各自优势，实现协同互补，是构建综合交通运输体系的基础，也是一张布局完善、规模合理、结构优化、资源集约、衔接高效、互联互通的海陆空骨架网络。

（2）设施布局立体集约

综合立体交通网由空中廊道、陆路通道、地下管网、海上航线和交通枢纽等构成，包括铁路、公路、水运、民航、管道等各种交通运输方式的主要通道和节点；既注重公铁、铁水、管水等在货运上的顺畅衔接，也注重民航与高铁等在客运上的综合换乘。综合立体交通网通过空间布局上的立体化，强化方式衔接和立体互联，实现不同方式网络空间资源的集约利用。

（3）网络衔接一体协同

交通枢纽是综合立体交通网络中衔接不同交通运输方式的重要节点，是客货流中转、集散的主要场所。货物运输中转过程中无缝衔接，以及旅客运输换乘过程中的“零距离”，可以有效节省中转换乘的时间与成本。货运的多式联运与客运的联程“一票制”体现了综合立体交通网交通运输的一体化。

## 1.2　综合立体交通网的构成与发展要求

### 1.2.1　综合立体交通网构成要素

（1）基础设施体系

综合立体交通网的基础设施，是实现综合立体交通网客货交通运输功能的物理基础，由铁路、公路、水运、民航、管道等多种交通运输方式的网络设施，衔接不同交通运输方式的综合交通枢纽，以及不同交通运输方式形成的复合运输通道构成，是一张布局完善、规模合理、结构优化、资源集约、衔接高效、互联互通的海陆空骨架网络。

①铁路网络包括：高速铁路网、货运铁路网，以及铁路枢纽站。

②公路网络包括：高速公路网、客货运公路枢纽。

③航空网络包括：干线机场及其航路。

④水运空间网络包括：主要港口及其航道。

⑤管道网络包括：原油管道网、成品油管道网、天然气管道网。

⑥综合交通枢纽包括：国际性综合交通枢纽、全国性综合交通枢纽、区域性综合交通

枢纽。

（2）运行管理体系

综合立体交通网的构建需要各种运行管理体系的引导、支撑和保障。在健全的保障措施下，才能构建“服务大局、服务人民；统筹融合、协调衔接；优化存量，精化增量；集约节约、资源共享；创新驱动、科技引领”的综合立体交通网，并保证其顺利运行，实现综合立体交通网的可持续健康发展。

综合立体交通网的保障措施主要包括：运输体系、指挥调度体系、法律法规、体制机制、国土资源、资金保障、技术政策、人才保障、规划实施。

### 专栏2 综合立体交通网通道与枢纽

1. 综合立体交通网运输通道

综合立体交通网不同运输方式的线路在空间上叠加整合形成综合运输通道。综合运输通道一般由两种或两种以上运输方式的线路组成，是承担主要客货运输任务的走廊，是综合立体交通网的主骨架，是运输大动脉。

（1）综合运输大通道的分类

综合运输大通道基于交通运输对象，可以分为客运综合运输通道、货运综合运输通道、客货综合运输通道；基于服务的空间与辐射的范围，可以分为国际性综合运输通道、国家综合运输通道、区域综合运输通道、省际综合运输通道；基于通道的空间布局和走向，可以分为东西综合运输通道、南北综合运输通道、沿海综合运输通道、沿江综合运输通道等。

（2）综合运输大通道的运输结构

由于综合运输大通道所联通和辐射地区的自然地理条件、社会经济发展水平、交通运输对象、通道功能定位等的差异，综合运输大通道的运输结构比例也有所不同。因此，在综合立体交通网的综合运输大通道的建设中，要“宜铁则铁、宜公则公、宜水则水、宜空则空”，做到整合资源、规模合理且结构协调，使其更好地服务社会经济发展。

（3）综合运输大通道的功能定位

综合运输大通道的建设对支撑国家战略实施、促进区域社会经济均衡发展、加强国际联系、综合开发未来的能源基地、服务政治和国防等有重要意义。同时，在综合运输大通道的结构上，把以铁路、水运为主导的绿色货物运输主通道网络体系作为主体，并大幅度减少长距离公路运输。

以对外国际性综合运输大通道为例，陆上以周边国家为重点，以现有的经济走廊等陆路通道为依托，通过国际陆上运输大通道建设，加强与境内重要运输通道的衔接，聚焦关键通道、关键城市、关键项目，推动国际陆上交通基础设施网络加速形成。海上以重点港口为节点，共同建设通畅、安全、高效的运输大通道，加强支点建设，提高能源和战略物资运输安全保障水平。航空方面建设连接欧洲、美洲、大洋洲等重点航空市场的空中快线，加大对南美洲、非洲的辐射广度与深度，实现我国民航的国际航线网络覆盖全球五大洲、通达每一地区主要国家的重要城市的目标。

2. 综合立体交通网的枢纽节点

综合交通枢纽，即综合交通枢纽节点，是综合立体交通网的重要组成部分，是衔接多种运输方式、辐射一定区域的客、货转运中心。综合交通枢纽为服务区域内部和区域外部的客流和货流提供集散和中转服务，带动和支持区域经济的发展，同时也是所在区域对外联系的桥梁与纽带。在综合立体交通网中，通过枢纽节点实现不同交通运输方式网络间的相互衔接与互联互通，以及不同层次综合立体交通网间的相互衔接。同时，大型的综合交通枢纽节点往往也是综合运输大通道的端点和中间点。

在综合立体交通网中，根据服务对象，综合交通枢纽可分为综合客运枢纽与综合货运枢纽；根据服务和辐射的范围，综合交通枢纽可分为国际性综合交通枢纽、全国性综合交通枢纽、区域性综合交通枢纽、省域性综合交通枢纽四大类。

（1）国际性综合交通枢纽

服务和辐射范围是全球，一般位于国际性综合运输大通道上；强化人员往来、物流集散、中转服务等综合服务功能，可采取多机场、多铁路车站的组合布局模式，通过便捷、直达、大能力的运输通道，实现国家内外交通方式的衔接与交通需求中转。

（2）全国性综合交通枢纽

服务和辐射的范围是全国，一般位于国家综合运输大通道上，主要衔接高品质的快速网与高效率的区域骨干网；优化中转设施和集疏运网络，促进各种运输方式协调高效，扩大辐射范围。

（3）区域性综合交通枢纽

服务和辐射的范围是城市群，一般位于区域综合运输大通道上，主要衔接高效率的区域骨干网与便捷化的干线网；提升对周边的辐射带动能力，加强对综合运输大通道和全国性综合交通枢纽的支撑。

（4）省域性综合交通枢纽

服务和辐射范围是省域范围，一般位于省域中心城市，主要衔接便捷化的干线网与广覆盖的基础网；集散省域范围内的交通需求。

### 1.2.2 综合立体交通网层次划分

我国的综合立体交通网一般分为3个层次：高效率的快速网、完善的干线网、广覆盖的基础网。3个层次的网络通过综合交通枢纽在空间上实现互联互通，它们的服务对象、连接区域和运行模式有所不同。

（1）高效率的快速网

高效率的快速网是以高速铁路、货运铁路干线、管道运输干线、高速公路、国际机场、支线机场、特大型港口、大型港口等为主体，构建服务品质高、运行速度快的快速交通网络；是国家综合立体交通网的主要组成部分，主要服务国际、省际的交通需求，以及国家范围内主要城市、行政中心、经济中心、主要口岸、重要产业和能源生产基地之间的交通需求。

在高效率的快速网中，结合交通需求的特点与不同交通运输方式的特征，实现各运输方式协调发展并大幅提升运输效率。国际客运以航空为主，国际货运以海运和管道为主。国内客运以高速铁路、高速公路、航空为主；其中，时效性极高的长距离客货运以航空运输为主，时效性较高的长距离运输及中距离运输以高速铁路网为主，时效性较高的短距离客货运输以高速公路为主。国内货运以货运铁路干线、管道运输干线、水运为主，并实现铁水、管水、公铁等多式联运。

（2）高品质的干线网

完善的干线网是以普速铁路、普通国道、普通港口、普通支线机场等为主体，构建运行效率高、服务能力强的综合交通普通干线网络；是省级综合立体交通网的主要组成部分，主要服务省域范围内城际间的交通出行需求。

普通国道全面连接省域内县级及以上行政区、交通枢纽、边境口岸和国防设施。普通国道和省道形成布局合理、功能完善、覆盖广泛、安全可靠的国家干线公路网络，实现首都辐射省会、省际多路连通，以及地市通达、县县国道覆盖。

其中，在城市群、都市圈等重点区域，还有一类区域性干线交通网，主要包括城际铁路、区域间高速铁路、区域间高速公路等。构建区域间高效运行的综合交通网络，主要为区域内客货运输提供高品质服务和快速运行服务，同时通过综合交通枢纽与快速网互联互通，主要服务圈、经济圈、城市群内的城际或省际的交通出行需求。

区域运输结构以城际铁路为主，以区域间高速公路为辅。城际铁路规模将进一步扩大，实现区域内相邻大中城市间 1～4 小时交通圈和城市群内 0.5～2 小时交通圈，提供安全可靠、优质高效、舒适便捷的旅客运输服务。中长距离客货运输以城际铁路为主，短距离客货运输以区域间高速公路为主。公路与铁路相配合将有利于发挥综合运输的整体优势和集约效能，促进区域协调发展。

（3）广覆盖的基础网

广覆盖的基础网是以普通省道、农村公路、支线铁路、支线航道等为主体，通用航空为补充，构建覆盖空间大、通达程度深、惠及面广的综合交通基础服务网络；是地市级综合立体交通网的主要组成部分，主要服务市域范围内的交通出行需求。

普通省道与城市干道有效衔接，提高城市内外交通的衔接能力，也与口岸、支线机场及重要资源地、农牧林区和兵团团场等互联互通；农村公路通达全部乡镇和建制村；地方开发铁路、支线铁路和沿边铁路建设，实现与矿区、产业园区、物流园区、口岸等有效衔接，增强了对干线铁路网的支撑作用；同时，在偏远地区、地面交通不便地区、自然灾害多发地区、农产品主产区、主要林区和旅游景区等建设通用机场。

### 1.2.3 综合立体交通网发展要求

1）空间布局方面

综合立体交通网的空间布局要求，主要体现在与交通需求相匹配、与自然地理特征相匹配。

（1）空间布局要与交通需求相匹配

我国东西部地区的人口、产业分布、经济发展等存在较大差异性，因此东西部地区人民具有不同的出行需求；同时，国家和地区重大战略也会诱增或转移交通需求。因此，综合立体交通网在空间布局上要与交通需求相匹配，与我国区域经济社会发展水平和经济地理格局相适应，总体上呈“东密西疏”的空间特征。

（2）空间布局要与自然地理特征相匹配

我国地势西高东低，西部地形以山地、盆地、高原为主，东部地形以平原为主，对综合立体交通网的构建存在一定的制约与限制；同时，我国在资源禀赋、人口特点和发展战略等方面存在较大的区域差异。因此，综合立体交通网的空间布局要与自然地理特征相匹配。

2）功能定位方面

综合立体交通网是政治、经济、社会、国土、国防等方面需求在交通基础设施上的集中体现。

（1）服务人民出行与货物运输

随着我国经济、产业结构、能源生产等方面的发展，人民出行需求快速增长，货物运输需求也不断增加，综合立体交通网的建设能够支撑客货运交通需求的发展，显著增强人民群众的幸福感、获得感、满足感。

（2）保障国家与地区重大战略

交通行业具有基础性、服务性、战略性等属性，可为国家与区域重大战略的实施提供有力保障。

（3）支撑国土空间开发

交通对国土空间开发具有支撑作用，做好铁路、公路、水运、民航、管道等多种运输方式间的线位衔接，促进空间资源集约、节约利用；同时通过与国土空间规划对接，实现交通基础设施建设线位、点位等空间资源有效预留，保障交通可持续健康发展。

（4）支撑国家国防安全

综合立体交通网提高交通网络韧性，使国际重要交通节点、国内重要口岸、能源基地、重大自然灾害多发地区以及其他特殊地区实现多路可靠连接，能够应对各类重大系统安全风险，确保粮食、能源、国防等物资运输高可靠性，支撑国家安全战略投送。

# 第 2 章

# 综合立体交通网发展历程

## 2.1 综合交通运输体系理论与实践历程

综合交通运输概念的提出可以追溯到 19 世纪后期，美国在 1887 年的有关法律中规定，要充分认识并保护每种运输方式的内在优势。到 20 世纪中叶，随着各种运输方式的竞相发展，促进不同运输方式的优势互补成为一项重要的任务，综合交通运输开始引起各国重视。如苏联提出综合交通运输要根据各运输方式的合理运距来确定不同运输方式间的合理分工，以及促进不同运输方式间的运输分担及运输过程的相互衔接与配合等，综合交通运输的含义主要是交通运输中的综合问题；美国和欧洲的相关学者认为综合交通运输是使用两种及以上运输方式实现旅客或货物的直达运输，强调运输资源的高效利用、不同运输方式间的无缝衔接和提供全过程完整的运输服务。

### 2.1.1 国外综合交通运输理论与实践

发达国家的交通发展历程是伴随着工业化进程并依靠生产力变革来推动的，水运、铁路、公路、民航伴随着蒸汽机、内燃机、机动车、飞机等的发明相继发展。至今，国外的综合交通运输理论基本经历了 3 个发展阶段。

（1）第一阶段，各种运输方式相对独立发展

这一阶段是以单一运输方式为主导的初级发展阶段，不同交通运输方式（铁路、公路、水运、民航、管道）各自独立发展并自成体系。这一阶段的理论研究侧重单一运输方式的经济技术能力和规模的提升，同时致力于提高现有线路运行质量、通行能力和改善运输工具。为推动主导方式的快速发展，各国也加大了政策倾斜。如美国为推动公路发展，在第二次世界大战前后至 20 世纪 90 年代初，制定了系列联邦资助公路法。

（2）第二阶段，在竞争中逐步重视运输方式之间一体化的有效衔接

这一阶段，不同运输方式发展到一定规模后，各种运输方式出现竞争，在竞争中逐步重视运输方式间的结构优化。这一阶段理论研究和政策制定重点依托市场资源配置理论（苏联除外）展开，注重运输结构优化，并加强了各种运输方式技术与组织运营方面的研究工作。如加拿大在发展综合运输体系过程中，让各种交通方式分别依靠其独特、固有的优势相互竞争，主要依靠市场行为，结合政府适度控制，使各种交通方式拥有合理的份额。

（3）第三阶段，在合作竞争中实现内部的高效衔接和运作

这一阶段，各种运输方式在竞争合作中实现内部的高效运作和一体化有效衔接，并与资源、环境、技术等实现高度协调统一，是综合交通运输发展的高级阶段。这一阶段，交通运输管理机构从分散走向集中，交通发展战略更多关注综合协调、可持续发展问题。相关理论研究和政策制定聚焦在可持续综合交通运输体系构建上，更加强调综合性、包容性、开放性，一方面注重货物多式联运和旅客联程运输等方面研究，另一方面更加注重大数据、新技术等的应用。如美国制定了系列多式联运与运输效率法（1991 年开始颁布），以及《21 世纪运输公平法》（1998 年颁布）、《安全、可靠、灵活和高效的运输公平法》（2005 年颁布）等重要法律；英国出台了系列政策，强调交通运输一体化和可持续发展，致力于建立一个安全、高效、绿色和公平的交通运输体系。

### 2.1.2 我国综合交通运输理论与实践

新中国成立以来，我国在计划经济和市场经济结合与转轨的不同发展阶段，走出了一条中国特色的综合交通运输体系建设道路。我国综合交通运输及其理论发展大致可分为 4 个阶段。

（1）第一阶段，20 世纪 50 年代至 70 年代末

综合交通运输停留在理念阶段，相关理论研究非常薄弱。这一阶段，我国处在计划经济时期，各种运输方式供给严重紧缺，使有限的运输资源按照计划模式开发和利用。由于经济基础薄弱，各行各业都急需发展，交通运输归类于非物质生产部门，投资严重不足，交通运输发展严重滞后于国民经济社会发展需要，网络覆盖广度与深度远远不足，各种运输方式基本上不存在竞争和替代关系，更谈不上结构优化和综合运输问题。因此，这一阶段的综合交通运输更多停留在理念层面。20 世纪 50 年代中后期，我国效仿苏联开展了综合交通运输相关工作，但理论基础非常薄弱。1956 年，国务院提出开展综合运输研究，主要为调查研究工作，对项目建设和生产组织提出建议，对于综合运输的研究存在重货运轻客运、重铁路轻其他等问题。

（2）第二阶段，20 世纪 70 年代末至 2008 年

综合交通基础设施网络初步形成阶段，理论研究主要基于各种运输方式的技术经济特征，聚焦分工协作、综合平衡，处于探索发展阶段。这一阶段，我国经济处在高速发展时期，各种运输方式独立发展、自成体系，以最大限度增加交通基础设施供给、促进经济发展为主要目的，主要靠生产要素投入（设施建设、运力投放）推动综合交通运输基础网络

发展，对综合交通运输效能关注相对较少。经过各种交通运输方式 30 年的竞相发展，1978 年至 2007 年交通运输基础设施网络规模与结构都取得了显著的提高与优化，铁路营业里程增长了 57%，公路通车里程、民航航线里程与输油气管道里程分别增长了 3 倍、13.6 倍和 5 倍。反映在运输量上，同期全社会旅客周转量和货物周转量年均分别增长 9.1%和 8.4%，基本保持与国民经济同步增长。经过这一阶段的发展，运输长期紧张状况总体缓解，瓶颈基本消除，与经济社会发展需求初步适应，但受到各种运输方式体制、机制、利益等多方影响，各种运输方式在各自发展的同时也存在很大弊端。这一阶段的理论研究开始注重如何充分发挥各种运输方式经济技术优势，经济合理地发展和利用各种运输方式，以及铁路、港口集疏运等突出问题，体现了合理分担、分工协作、综合平衡的思想，但对综合交通运输整体效能关注较少。

（3）第三阶段，2008 年至 2017 年

综合交通运输由后期衔接向前期统筹转变阶段，综合交通运输理论向局部深入。这一阶段，以 2008 年启动交通运输大部门体制改革为标志，在制定和实施各种运输方式发展规划过程中，开始考虑综合交通运输的总体目标以及与各种运输方式的衔接，由各自独立发展转向协调整合发展。这一阶段，我国经济发展从高速向中高速发展转变，各种运输方式已经具备较大规模基础设施网络，各方式间发展不平衡状况大为改善，铁路、公路、水运、民航齐头并进，铁路运输能力“短板”状况有了根本好转。高铁客运快速发展优化了长途客运结构，释放了铁路货运能力，促进了运输结构调整优化。综合客运枢纽、综合货运枢纽建设大规模展开，以旅客联程联运、货物多式联运为核心的综合交通运输服务一体化成为发展方向。综合交通运输发展开始步入发展快行道。这一阶段综合交通运输理论体系也在逐步完善，关于综合交通运输的概念、内涵、特征等逐步明晰统一。理论研究重点在发挥比较优势、优化组合、引导运输需求上，强调各种运输方式之间、基础设施与使用系统之间协调发展和有机配合，更加注重综合交通网络布局和各运输方式间连续、无缝衔接以及一体化运输服务，并加强了现代先进技术的应用研究。

（4）第四阶段，2017 年至今

综合交通运输加速推进、注重整体效能阶段，综合交通运输理论研究更加注重内部治理、经济外部性和全球视野，建立更加完整、系统的理论体系。这一阶段，以党的十九大报告提出建设交通强国，中共中央、国务院相继印发《交通强国建设纲要》《国家综合立体交通网规划纲要》等为标志，交通运输进入加快建设交通强国的新阶段，综合交通运输体系建设无论从体制上还是从认识上都形成了合力。交通强国建设要求推动交通发展由追求

速度规模向更加注重质量效益转变，由各种交通运输方式相对独立发展向更加注重一体化融合发展转变，由依靠传统要素驱动向更加注重创新驱动转变，构建安全、便捷、高效、绿色、经济的综合交通运输体系，努力当好中国式现代化的开路先锋。理论体系更加注重现代综合交通运输体系建设，突出系统的整体性和外部性，做好各运输方式的衔接、促进其协调和融合发展，推动综合交通运输高质量发展。

## 2.2 我国综合立体交通网发展历程

结合我国国民经济社会发展历程，分4个时期来回顾我国自新中国成立以来综合立体交通网的扩张发展历程，即1949年至1978年的恢复发展期、改革开放至2000年的初步发展期、21世纪初至2012年的跨越发展期和2013年至今的高质量发展期。

### 2.2.1 恢复发展期（1949 年至 1978 年），交通运输严重制约经济社会发展

新中国成立初期，我国经济发展水平低，交通运输业非常落后，交通基础设施规模小，铁路、公路集中于东部沿海和东北地区。1949年，我国铁路里程仅为2.18万公里且一半处于瘫痪状态；通车公路里程不足8.1万公里，其中铺有路面的公路里程仅占40%；港口设施处于极端落后的状态，装卸作业主要靠人挑肩扛，航道失修失养、淤积严重；机场基础设施落后，通航总里程仅有4000公里左右。1949年，全国主要运输方式客运总量仅为1.4亿人，旅客周转量155.0亿人公里；货运量1.6亿吨，货运周转量255.5亿吨公里。其中，公路的客运量、旅客周转量、货运量、货运周转量分别为1809万人、7.96亿人公里、7963万吨、8.14亿吨公里。我国交通基础设施总体规模偏小、质量偏低、服务能力低、布局均衡性差。

经过三年国民经济恢复期（1949年至1952年），交通基础设施得到一定的恢复与发展。“一五”期间，运输量增速高于工农业总产值的年均增速，交通运输业对当时工农业生产发展和满足人民生活需要起到了积极的促进作用。“二五”计划前三年（1958年至1961年）经济得到较快发展，交通运输全面紧张，出现了“装不上、卸不下、通不过”的严重局面。由于历史原因，“三五”“四五”期间，经济建设和交通基础设施建设均受到影响，交通基

础设施规模水平增长较慢。1977年至1978年，社会总产值、工农业总产值、国民收入连续两年大幅度增长，主要工农业产品的产量恢复或者超过了历史最高水平，国民经济得到恢复和发展。与此同时，全社会交通运输需求增强，但交通基础设施建设步伐没有跟上，交通运输对国民经济的制约逐步加剧。到20世纪70年代末，我国主要铁路干线、公路干线、沿海港口供给能力大约只能满足经济社会需要的70%～80%。

1978年，铁路建设规模明显提高，全国铁路营业里程达到5.17万公里，复线7630公里，电气化铁路1030公里。公路建设规模和整体质量均有大幅提升，全国公路通车里程达到89.02万公里，是1949年的11倍，二级及以上公路达1.2万公里，路面铺装率为71.9%。内河航道总里程达到13.60万公里，是新中国成立前内河航道里程的1.8倍，等级航道里程达到5.74万公里。民航有国内航线150条，全年共执行航班4.55万班，通航国内79个机场，机场与航线数量稳步提升。自1958年新中国建成了第一条长距离原油管道——新疆克拉玛依—独山子输油管道，到1978年全国管道输油（气）里程已达0.83万公里。

截至1978年，我国铁路、公路、内河航道、航空航线、管道线网规模较新中国成立初期虽有了显著的增长，但由于经济发展水平总体偏低，以及受复杂的国内外形势的影响，交通基础设施建设资金总体紧张、技术水平落后，路网规模小、质量低、布局差、运输效率低，交通供给滞后于交通运输需求的增长，交通网络总体建设水平不能满足经济发展要求，严重制约着国民经济发展。

### 2.2.2 初步发展期（改革开放至2000年），交通运输是经济社会发展的制约

党的十一届三中全会以后，国家工作的重点转移到社会主义现代化建设上来，党中央提出对国民经济实行“调整、改革、整顿、提高”的新“八字方针”，交通运输建设速度进一步提升。这一时期交通网发展可以划分为两个阶段。

（1）第一阶段（改革开放至1990年），以既有基础设施挖潜改造为主

改革开放后，我国对投资结构进行了调整，交通运输业投资比重进一步增加，既有铁路干线、公路干线和沿海主要港口扩建的投资不断增大，资金投入到既有线路的更新改造、挖潜扩能上。

20世纪80年代，我国逐步掀起铁路建设高潮，开展了“南攻衡广、北战大秦、中取华东”铁路建设，打通了晋煤外运、进入广州、通向华东的3条通道。同时，加强沿海港口后方铁路运输能力建设，集中力量强化沿海1.6万公里运输繁忙的铁路干线改造。到1990

年，铁路营业里程达到5.79万公里，铁路复线和电气化水平也得到较大提升。复线里程达13024公里，是1978年的1.7倍；电气化里程达6941公里，是1978年的6倍。

与此同时，公路在规划和战略指引下更加强调公路主骨架的建设。1981年，《国家干线公路网（试行方案）》明确了总规模10.92万公里的普通国道规划方案。1989年，第一次全国高等级公路建设经验交流会明确了我国必须发展高速公路及建设高等级公路的重要政策措施，拉开了高速公路建设的序幕。北京、河北、山东等省市先后修建了汽车专用公路，100多个大中城市的进出口和通往重要旅游地区的公路条件得到明显改善。到1990年，公路通车里程达到102.83万公里，高速公路、一级公路从无到有，里程分别达到522公里、2617公里；二级及以上公路达4.65万公里，占公路总里程的4.52%。

水运恢复性治理内河航道，重点建设沿海港口。1989年，交通部提出“三主一支持”交通基础设施长远规划并开始实施。到1990年，内河航道总里程达到10.92万公里、等级航道达到5.96万公里；内河主要港口的万吨级深水泊位实现了零的突破，全国沿海规模以上港口生产性泊位967个、万吨级港口284个，分别是1978年的3.1倍、2.1倍。

民航机场建设以改扩建为主，航线开辟和加密并举。1984年，首都机场扩建后成为我国第一个拥有两条跑道的民用机场。至1990年底，民用航空定期通航机场达到94个；民航定期航班航线达437条，其中国际航线44条、国内航线385条、港澳台地区航线8条；定期航线里程50.68万公里，比1978年增加35.79万公里；国际航线里程16.64万公里。

管道建设重点集中在对东北、华北管网的技术改造与完善和对中原管道的建设上。到1990年，全国油气管道总里程达到1.59万公里，是1978年的1.8倍。

（2）第二阶段（1991至2000年），交通基础设施网络建设加快发展

1992年，党的十四大召开，我国改革开放和现代化建设进入蓬勃发展的新阶段，交通运输行业深化改革，加大对外开放力度，建设步伐逐步加快。在1998年应对亚洲金融危机时，我国加快交通基础设施建设，推进铁路网、公路网快速发展，干线通道能力得到大幅提升，交通运输建设和发展取得了突破性进展。

20世纪90年代初，国务院批准设立铁路建设基金以及中央和地方合资建设铁路等政策，使铁路建设进入发展快车道。“八五”期间，铁路快速、优质、高效地建成了一批重点工程，京九线、宝中线、兰新复线、浙赣复线、大秦线1亿吨配套工程、侯月线、广深线等相继建成投产，路网布局得到一定改善，煤炭的外运、西北、南北、华东、西南和进出关六大通道运输能力均有不同程度的提高。“九五”期间，铁路集中力量建设和改造一批对国民经济发展全局有重要影响、在路网上起骨干作用的大能力干线。到2000年底，铁路营

业总里程达到 6.87 万公里，居世界第三位，其中电气化铁路里程 1.49 万公里，复线铁路里程 2.14 万公里。

公路以加强国道主干线建设、提高道路等级、加大覆盖区域为重点，加强省会城市和地级市二级以上公路的建设和改造。1992 年和 1993 年，交通部全面实施“三主一支持”战略，明确我国公路建设重点将逐步向高等级公路建设转变。1998 年，为应对亚洲金融危机，公路建设投资进入“快车道”，高速公路建设规模大幅提升。1998 年至 2000 年，高速公路增加里程 1.15 万公里，年均增长 3800 公里。到 2000 年底，全国公路总里程达到 167.98 万公里，高速公路里程突破 1.63 万公里，跃居世界第三位。公路网整体技术水平有较大提高，二级及以上公路里程达到 21.93 万公里，占公路总里程的 13.05%。

水运建设聚焦水运主通道建设。20 世纪 90 年代初，以三江两河（长江、黑龙江、珠江、淮河、京杭大运河）为重点，强化内河航运优势地区的航道建设，加快通航千吨级和部分 500 吨级船舶为主的骨架航道建设。20 世纪 90 年代中后期，我国设立内河航运建设专项资金，极大地推动了“一纵两横两网”的内河航运基础设施建设。在此期间，港口群建设全面推进，专业化深水码头泊位数迅速增加，集装箱、煤炭、客货滚装等三大运输系统的码头设施系统初步建立。到 2000 年底，内河航道总里程 11.93 万公里、等级航道 6.14 万公里。

民航多方办航空、建机场，机场改建、扩建、迁建速度加快。1988 年，民航正式开始实施政企分开改革，实行投资多元化，地方投资办航空公司、建机场的积极性得到有效提升。改扩建广州、昆明、哈尔滨、拉萨、太原、大连等地机场，新迁建福州、郑州、贵阳等地 30 多个大中型机场等，一大批支线机场得到迅速建设和完善，航空运输能力快速提升。到 2000 年，全国定期航班通航机场达到 139 个。国内航线重点建设以北京、上海等大城市为中心枢纽连接全国各地的航线网络格局，部分面积较大的边远省区形成了区域航线网络；国际航线初步形成以北京、上海、广州等重点对外开放城市为起点连接五大洲，以沿边开放城市沟通邻国重镇的国际航线网络。到 2000 年，民航定期航班航线达到 1165 条，其中国际航线 133 条、国内航线 1032 条、港澳台地区航线 42 条；航线里程 150.29 万公里，国际航线里程 50.84 万公里，分别比 1990 年增加 99.61 万公里和 34.20 万公里。

管道建设侧重运输管道网的结构调整及局部优化。东部地区根据原油流向和进口要求加快管道网络改造；西部地区结合油田开发重点，建设新疆至内地的输油管线；华北地区建成陕北至北京天然气输气管线，并与华北天然气管网连接。以陕京线为代表的部分早期西气东输骨干工程开工建设。到 2000 年底，全国油气管道里程达到 2.47 万公里，是 1990

年的1.6倍。

这一时期，随着改革开放的不断深入，国民经济快速发展，交通需求迅速增长，铁路、公路等建设规模明显滞后于市场经济的发展，不能满足人民日益提高的出行需求。交通运输与经济发展的不适应性问题日益突出，成为国民经济发展的制约因素。

### 2.2.3 跨越发展期（21世纪初至2013年），交通运输基本适应经济社会发展需要

进入2000年后，西部大开发、中部崛起、东北振兴等区域发展战略相继实施，交通运输部相继制定了一系列的交通专项规划和区域交通发展规划。同时，为应对东南亚金融危机和美国次贷危机，我国先后出台了一系列经济刺激计划并加快基础设施建设，铁路、公路、内河航道、油气管道等设施建设迎来重大发展机遇，交通运输整体处于建设发展的跨越期。

（1）中国铁路进入了跨越式发展新阶段

新世纪前后，铁道部组织实施了“决战西南、强攻煤运、建设高速、扩展路网、突破七万”跨世纪五年（1998年至2002年）铁路建设会战，铁路主要干线能力进一步提升，西南铁路通道能力得到增强。2004年，《中长期铁路网规划》获批，明确我国将建设由“四纵四横”8条客运专线及环渤海、长三角、珠三角3个城际客运系统组成的铁路客运专线系统，铁路建设进入了快速发展阶段。

2008年，为应对美国次贷危机，铁路部门进一步加大铁路建设投资力度，主持修订了《中长期铁路网规划（2008年调整）》。该规划明确以建设客运专线、区际大能力通道、西部开发性新线为重点，展开环渤海、长三角、珠三角及中原、武汉、长株潭等城市群城际轨道交通网建设。此后，京津城际、郑西、海南东环、京沪、哈大、京广等高速铁路相继建成通车，中国正式进入高铁时代。这一时期，我国加快新建高标准铁路，强化运输主通道建设，实施了既有铁路复线扩能改造、电气化改造，铁路大能力货运通道网络基本形成。到2012年底，全国铁路营业里程达到9.76万公里；高铁营业里程达到0.94万公里，居世界第一位；铁路复线里程4.4万公里，复线率44.8%；铁路电气化里程5.1万公里，电化率52.3%。

（2）公路网主骨架建设进一步加快

公路加快“五纵七横”国道主干线建设，新建8条西部公路新通道，路网结构得到进一步完善，路网通达深度得到有效提升。到2007年底，总规模约3.5万公里的“五纵七横”

国道主干线基本建成，国家高速公路骨架初步成形。高速公路覆盖了除西藏外的所有省（区、市），极大地提高了我国公路网的整体技术水平，优化了交通运输结构。中西部公路建设步伐加快，公路总里程及高速公路里程增速逐步赶超东部地区。2008 年，公路行业以国家高速公路为重点，进一步加快了高速公路建设步伐。2008 年至 2012 年，我国高速公路新增通车里程达 3.6 万公里，年均增长 0.9 万公里。2012 年底，全国公路总里程达 423.75 万公里，高速公路里程达到 9.6 万公里。

（3）水运建设力度进一步提升

国务院先后批准实施了《全国沿海港口发展战略》《全国沿海港口布局规划》《全国内河航道与港口布局规划》《长江三角洲、珠江三角洲、渤海湾三区域沿海港口建设规划》等规划，形成了较为完整的水路交通发展规划体系。大型专业化原油、铁矿石、煤炭、集装箱码头和深水航道工程相继建成并投入使用，上海、天津、大连国际航运中心建设取得新进展。基本形成了布局合理、层次分明、功能齐全、优势互补的港口体系和“两横一纵两网”的国家高等级内河航道网，水运供给能力显著提高。到 2012 年底，内河航道总里程 12.50 万公里，等级航道 6.37 万公里，其中三级及以上航道占航道总里程的 7.9%。全国沿海规模以上港口生产性泊位 4811 个、万吨级港口 1453 个，分别是 1990 年的 1.5 倍、1.9 倍。

（4）民航机场和航线布局进一步完善

经过 21 世纪初期的建设，我国初步形成了以北京、上海、广州等枢纽机场为中心，以成都、昆明、重庆、西安、乌鲁木齐、武汉、沈阳、深圳、杭州等省会（首府）或重点城市机场为骨干，以及众多其他城市干、支线机场相配合的基本格局。机场等级和规模逐步提高，机场分布更均衡。到 2012 年底，我国共有民航运输机场 183 个（统计数据未包括港澳台地区），其中东部地区 47 个、中部地区 25 个、西部地区 91 个、东北地区 20 个。到 2012 年底，我国共有定期航班航线 2457 条，其中国际航线 381 条、国内航线 2076 条、港澳台航线 99 条；航空公司国际定期航班通航 52 个国家的 121 个城市，定期航班通航港澳台地区的城市分别为 40 个、7 个、38 个。

（5）管道运输持续开辟国内外运输通道

2000 年以来，为保障国家能源消费，我国先后开辟了东北、西北、西南、海上四大油气战略通道。其中，西北通道为中哈原油管道、中亚天然气管道，西南通道为中缅油气管道，东北通道为中俄原油管道一线及二线、中俄东线天然气管道，海上通道主要是从非洲、南美洲、中东地区、澳大利亚通过海上运输将能源送至东部沿海一带。到 2012 年底，全国油气管道里程达到9.16万公里，是2000年的3.7倍。

这一时期，铁路客货运输能力整体提高，铁路网主要运输通道能力紧张状况大为缓解，基本打破了长期以来铁路对国民经济发展的制约，改变了铁路运输生产力严重不适应社会经济发展的状况。高速公路和农村公路建设提速，公路运输网络结构日趋完善，整体效率不断提高；高速公路逐渐成为国民经济发展的大动脉，公路运输对国民经济制约作用得到明显缓解。随着我国加入世界贸易组织，外部发展环境明显改善，水运建设规模和发展速度达到新中国成立以来最高水平，初步缓解了我国对外贸易发展与远洋运输供给不足的矛盾。机场总体布局与我国经济地理格局基本适应，机场体系的功能层次日趋清晰，航空运输在综合交通运输体系中的地位也不断提高，基本符合我国国情和民航发展方向，基本适应国家和地区经济社会发展需要。

### 2.2.4 高质量发展期（2014年至今），交通运输适度超前于经济社会发展

党的十八大以来，我国坚持适应、把握、引领新常态，坚持践行新发展理念，现代综合交通运输体系建设取得新突破，对经济社会发展和国家战略的支撑引领作用显著增强。我国交通运输发展已进入交通运输基础设施发展、服务水平提高和转型发展的黄金时期。党的十九大作出了建设交通强国的重大决策部署。近年来，我国加快构建高品质的快速交通网、高效率的普通干线网和广覆盖的基础服务网，促进交通基础设施更高质量地互联互通，交通运输已进入高质量发展的黄金期。

（1）综合立体交通基础设施网络初步形成

经过多年发展，我国交通事业取得巨大成就，对经济社会发展的保障和支撑作用显著增强。基本形成了以干线铁路、高速公路为骨架，支线铁路、干线公路、民航机场、油（气）管道、沿海港口、内河港口和航道、农村公路等配套衔接的综合交通体系。截至2023年底，我国综合交通网总里程突破600万公里，高速铁路里程、高速公路里程、城市轨道交通运营里程、沿海港口万吨级及以上泊位数都稳居世界第一。铁路营业里程约15.9万公里；其中高速铁路营业里程4.5万公里，对百万人口以上城市覆盖率超过95%。公路通车里程约544.1万公里；其中高速公路里程18.4万公里，对20万人口以上城市覆盖率超过98%。内河航道里程约12.8万公里，其中高等级航道里程1.7万公里。港口生产用码头泊位约2.2万个，其中万吨级及以上泊位2883个。民用运输机场259个，年旅客吞吐量超过千万人次的有38个。

（2）综合运输客货运量巨大

交通物流是实体经济的“晴雨表”，其繁忙水平直接反映经济的活跃程度。近年来，我国跨区域人员流动量、货运量、港口货物吞吐量保持较快增长，中国已成为运输最繁忙的国家之一。数据显示，2023 年，我国平均每天运输 1.5 亿吨货物，每天有超过 1.6 亿人次跨区域人员出行，每天收寄快递与包裹 4.5 亿件左右；全国机动车保有量达到 4.1 亿辆，自驾出行广受欢迎，出行机动化、个性化水平大幅提升。跨区域人员流动量 612.88 亿人次，增长 30.7%；完成营业性货运量 547.47 亿吨，货物周转量 240646 亿吨公里。人员和货物的高效流动为交通设施的承载能力带来了较大挑战。

（3）交通运输科技创新和应用不断突破

围绕国家科技体制改革要求和交通运输高质量发展需要，不断完善科技创新体系，交通运输取得了一批国际领先、实用性强的科技成果。具备抵御灾害能力的基础设施建设技术水平明显提高，青藏、川藏、新藏公路及青藏铁路先后建成通车运营。高速铁路、高寒铁路、高原铁路、重载铁路技术迈入世界先进行列。陆续建成一批世界级特大桥隧，特大桥隧建造技术达到世界先进水平。离岸深水港建设关键技术、巨型河口航道整治技术、长河段航道系统治理技术以及大型机场工程建设技术世界领先，建成港珠澳大桥、洋山港集装箱全自动化码头等系列重大工程。装备制造技术快速进步，“复兴号”成功运营，以高速列车、大功率机车为代表的一批具有自主知识产权的高性能铁路装备技术达到世界先进水平，部分达到世界领先水平。新能源运输装备初步实现产业化，国产 C919 大飞机突破 100 余项关键技术实现商飞，AG600 水陆两栖飞机成功实现水上试飞，首艘国产大型邮轮完成试航，大型专业化码头装卸设备、海工机械特种船舶、集装箱成套设备制造技术领先世界。邮政光学字符识别、视频补码、码址校验等分拣技术处于世界领先水平，自主创新能力持续加强。

## 2.3　我国综合立体交通网问题剖析

（1）综合交通网络规模不足

从综合交通网络规模（公路、铁路与内河航道里程之和）来看，目前美国排名世界第一，我国第二，日本第三；从综合交通网络人均拥有量来看，美国第一，日本第二，我国第四；从单位面积拥有综合交通网络来看，日本排名第一，德国次之，美国第三，我国第四；从综合交通网络综合密度来看，我国为0.044km/（百万人 · 1000km$^2$），美国为我国的5倍，日本为我国的59倍，德国为我国的21倍。总体看，虽然我国在综合交通网络规模方面位居世界前列，但网络综合密度仍与发达国家相距甚远。部分通道已出现运能紧张的局面，如铁路京沪线徐州—蚌埠段、京广线长沙—衡阳段、沪昆线上海—杭州段等；早期建成通车的国家高速公路，如京沪、京哈、京港澳、连霍高速公路部分区段的通行能力已难以满足实际交通需求。

（2）综合运输网络布局不合理

从国家层面看，中西部地区特别是西部地区设施仍然薄弱，按照地理上的“胡焕庸线”即“黑河-腾冲”线划分，该线东南侧区域的铁路网、公路网密度约为西北侧的4.8倍和7.2倍；该线东南侧交通水平也存在明显差别，例如长三角区域交通网络总体水平已接近发达国家，而广西、江西等地交通水平则相对滞后。从区域层面看，部分综合运输大通道仍存在瓶颈路段，主要城市群间的直连通道发展滞后，中西部地区缺乏大能力、快速化南北向通道，进出疆、出入藏通道薄弱。铁路运能过剩与紧张并存，中西部地区部分新建高速、重载铁路能力过剩，而主要通道、南北通道能力紧张，部分通道存在区段性瓶颈制约，京沪、京广、京哈、京九、陇海、浙赣六大铁路干线运输基本处于饱和状态。

（3）综合运输网络结构有待优化

各种运输方式的组合效率、集约效益和整体效能还未充分发挥。从占比来看，2018年至2023年，铁路和水路货运量占比由25.2%上升到26.3%；公路货运量占比由74.8%下降为73.7%，但公路货运量在全社会货运中占比仍较高，承担了大量的大宗物资中长途运输任务。从连接来看，各种运输方式的比较优势还未能得到充分发挥，一些地区铁路运输能力不足，港口和大型企业铁路专用线通达性不高，枢纽场站“邻而不接”“连而不畅”“中间一公里”等现象依然存在。从运价来看，一些地区铁路运输需要增加两边的短驳运输来实现“门到门”，增加了全过程运输费用，加上公路运输可能存在超载、超限等问题，导致铁路的运价和公路的运价倒挂，降低了铁路的比较优势。

（4）综合交通运输枢纽辐射和转换作用不足

近年来，我国重要枢纽节点城市区域辐射能力不断提升，全国性综合交通枢纽覆盖了我国重要的政治、经济中心城市。2023年，综合交通枢纽城市约占我国地级行政区总数的18.9%，城市人口超过我国城市人口总量的26.7%，城市生产总值约占全国GDP（国内生产总值）总量的30%。其中，9.5%的城市拥有4C级以上机场，44.4%的城市拥有铁路特等站，在53个全国主要港口中占37.7%。综合交通枢纽城市内多种交通方式衔接中转的功能明显增强，但仍存在功能定位不清晰、分类分级不明确、建设标准不统一、枢纽布局与城市功能不匹配、集散网络不完善等问题。同时，这些枢纽城市在全国大通道和运输格局中的锚固和转换作用尚需进一步优化，以适应国家区域发展战略和国土空间发展格局。

（5）综合交通网智能绿色水平较低

一是利用智能化信息化手段还不充分，智慧公路、车联网等技术仍处于起步阶段，信息技术在运输服务、智能调度和交通需求预测等方面的应用还较少。二是交通运输的环境污染和资源紧缺问题亟待解决。目前，我国交通运输行业能源消耗的增速已经高于全社会能源消耗的增速，造成污染严重；部分城市群内机场、港口建设缺乏统筹，重复投资，功能重叠甚至无序竞争，导致一些地区的交通空间资源集约化利用率不高。

# 第3章

# 国内外交通网发展经验借鉴

通过梳理和借鉴欧洲、美国、日本等发达国家和地区的综合交通网络发展及评价经验，对公路、铁路、民航、水运、综合交通网络等评价研究进行分析和总结，得出交通网发展指标主要包括网络物理属性、设施品质和服务水平等。

# 3.1 国外交通网构建与评价

## 3.1.1 美国交通网的发展历程与目标分析

1）交通基础设施网络发展历程

纵观美国经济发展的过程，交通基础设施在其中起到了开路先锋的作用，是美国经济迅速崛起并跃居世界首位的重要原因之一。美国交通基础设施的发展大致经历了 5 个阶段：修筑公路（主要是收费公路）阶段（19 世纪 20 年代以前）、开凿运河阶段（19 世纪 20 年代至 40 年代）、兴建铁路阶段（19 世纪 40 年代至 20 世纪初）、公路复兴阶段（20 世纪初至 20 世纪 70 年代）和综合运输体系形成阶段（20 世纪 70 年代至今）。不同的发展阶段分别适应了美国不同历史时期经济社会发展的需要。

（1）公路

美国现代州际高速公路系统从 20 世纪 30 年代后期开始筹备和规划，中间几经调整，50 年代中期开始大规模建设，至 80 年代基本建设完成，前后经历了半个多世纪。

1938 年，美国总统罗斯福在公路议案中提出了修建“三纵三横”的收费高速公路的可行性研究，同时还提出了一个修建 43000 公里免费公路网的计划。

1941 年，美国成立州际高速公路建设委员会，但由于第二次世界大战，高速公路建设的工作被迫推迟。第二次世界大战期间的公路建设主要是围绕战争需要进行的。

1943 年，美国国会批准修建 6.44 万公里的全国高速公路网计划，被称为州际高速公路系统。这个系统直接连通美国所有 5 万以上人口的大中城市、工业中心及通往加拿大、墨西哥的重要公路，但由于资金问题直到 1953 年才开始建设。

1954 年，美国总统艾森豪威尔向国会提交了“公路法案”，决定从（汽）柴油税中提取联邦公路信托基金，用于补助各州按国家统一标准用 30 年时间来修建的总长 65600 公里的全国州际高速公路系统。

1956 年，美国国会通过“公路法案”，即由国家补助 90%的建设资金给各州，用于对州际高速公路网综合性、长期性、连续性的修建。这样，从1956年6月29日艾森豪威尔总统对该议案签字之日起，美国州际高速公路建设进入了一个新的时代。

（2）铁路

美国铁路的发展经历了起步建设、大规模建设、达到巅峰又拆除的过程。

美国的第一条铁路诞生于1830年，当时在美国综合运输体系中，内河运输处于主导地位。从第一条铁路通车直至19世纪60年代美国内战结束是美国铁路的起步阶段。这一阶段铁路各自为政，各家铁路轨道之间的距离和使用的设备往往各不相同，到达同一城市的不同铁路之间没有轨道连接，各个铁路公司自行定价和规定服务标准。到1860年，美国铁路里程已近5万公里。

从19世纪60年代中期至20世纪初是美国铁路大发展时期。经过约40～50年时间的大规模建设，1916年美国铁路总里程达到历史最高峰（约41万公里），形成了全国铁路网，铁路公司达到2000多家，提供了全国98%的客运和75%的货运。其中发展最快的10年（19世纪80年代）修建铁路11万多公里，1887年铺轨铁路最多达2万多公里。

从20世纪10年代末期至70年代末期是美国铁路大拆除时期。以1916年为分界点，此前美国铁路里程不断增长，此后大量线路被拆除和封闭。拆除和封闭主要集中在20世纪30年代和70年代。大规模拆除导致美国铁路网逐步缩短，到1950年减至36万公里；到20世纪70年代末约30万公里，比最高峰减少了约11万公里。

1980年实施放松管制改革后，美国铁路又进行了大规模的路网合理化改造。从里程情况来看，美国的铁路里程一直保持全球最长，2015年以约22.8万公里的里程明显高于其他国家。

截至2017年底，美国铁路营运里程202717公里。铁路分布不平衡，北部密，南部稀，全国最主要的铁路枢纽集中在北部。其中芝加哥是最大的铁路枢纽，是30多条铁路的交会点。2017年美国铁路完成的客运周转量为633.77亿人公里，货运周转量为24451.38亿吨公里。

（3）航空

美国是全球现代航空运输的发源地，也是目前全球民航运输最为发达的国家。

1903年，莱特兄弟驾机成功试飞，开启美国现代航空的新纪元。第一次世界大战前后，定期航班开始在美国兴起。1930年修正的《航空邮政法》首次明确政府拨款为机场建设资金的主要来源。第二次世界大战爆发前夕，美国联邦政府通过美国民用航空局（CAA）拨款维修和修建大量军用机场，并拨款用于民航机场的发展。1944 年通过了首个“国家机场计划”（NAP），奠定了美国联邦政府资助民航机场建设和发展的基础。

第二次世界大战结束后，美国联邦政府将大量机场转交地方或州政府管理及使用。美国联邦政府于 1946 年通过首个《联邦机场法》，授权联邦、州及地方政府共同拨款修建机场；于 1977 年通过《航空货运放松管制法》（ACDA）、1978 年通过《航空客运放松管制法》，有力地推动了民航运输自由化进程。20 世纪 90 年代以来，美国着力推行全球民航运输的“开放天空”战略，以期保持其航空运输的全球领先地位并维护国内航空运输市场。

美国作为世界最大的航空产业国，拥有世界上最多的机场。2013 年，美国一共拥有 13513 个机场，虽然相比 2010 年的 15079 个机场减少了 1566 个，但依然是世界上机场数量最多的国家，真正实现了每个小城都通航。

2）交通基础设施网络发展目标分析

（1）《陆地多式联运运输效率法案》

1990 年，美国运输部推出囊括各种运输方式的国家交通行动战略——《移动美国：新方向、新机遇》。1991 年，美国国会通过《陆地多式联运运输效率法案》。该法案提出要“构造一个统一、无缝、有效、经济、安全和环保的国家多式联运系统”，为多式联运体系提供法律保障，促进各种运输之间的整合与衔接，消除运输节点上阻碍货物运转的瓶颈因素。运输政策从传统的资助发展公路运输转移到发展包括公路、铁路和大容量交通在内并且各种运输方式之间实现无缝连接的综合运输体系

（2）《2030 年的交通运输愿景》

2008 年，美国运输部发布了《2030 年的交通运输愿景：为运动中的国家确保个人自由与经济活力》，提出包括交通安全和通畅、能源自主、环境可持续、安全保障等战略方向，主要目标有：

① 交通安全和通畅。让所有人自由作出日常决策，确保人和货物能够安全和准时地抵达目的地。

② 强化经济的竞争力。强化美国在全球经济中的领导地位，刺激经济增长和创造就业。

③ 能源自主。减少对国外石油的依赖，确保能源自主性。

④ 环境可持续。确保形成环境可持续的社区，遏制温室气体排放。

⑤ 安全保障。为国内和国际旅客、货物及危险物资的移动提供安全保障。

⑥ 弹性应对。做好应急准备和响应，弹性化应对人为与自然的破坏。

在总体目标的指引下，《2030 年的交通运输愿景》针对客运的发展路径包括：

① 实施“10 年 20%”的交通能源战略目标，即 15%的能源替代、5%的能源效率提升。

② 强化公路安全计划。

③ 引入安全导向性技术计划。

④ 降低拥堵。

⑤ 解决繁忙机场的交通拥堵。

⑥ 有效处理民航乘客的抱怨及改善响应系统。

⑦ 采用下一代航空交通系统。

⑧ 提升公共交通的地位。

⑨ 明确基础设施投资。

⑩ 转变边境管理和移民管理系统。

《2030 年的交通运输愿景》针对货运提出的发展路径包括：

① 实施未来通道计划，即鼓励各州利用创新资金作为建设国家重要贸易通道的工具。

② 提高货物安全运营水平。

③ 对高风险运输企业进行监管。

④ 扩大与墨西哥边境的贸易及提高效率。

⑤ 解决其他运输方式给管道运输带来的难题。

⑥ 减轻对环境的影响。

⑦ 建立合作联盟。

⑧ 确保货流安全。

⑨ 对交通基础设施安全区域控制访问。

⑩ 确保公共与私人政策决策者及时掌握信息。

⑪ 实行可替代性财政措施。

（3）《2045 美国交通运输展望》

2017 年，美国交通部发布了《2045 美国交通运输展望》报告。报告分析了未来 30 年美国可能存在的一些关键性交通运输问题，同时给出了相关解决方案，如无人机和自动驾驶车辆的使用等。

面对未来人口、经济、技术、自然、资金等方面的变化，围绕未来如何出行、如何运输货物、如何运用新的技术、如何应对自然环境、如何平衡投资与决策等 5 个方面，美国重新评估政府、私人部门的角色和关系，思考未来的发展方向。

### 3.1.2　英国交通网的发展历程与目标分析

1）交通基础设施网络发展历程

（1）公路

英国的交通运输基础设施比较齐全，公路、铁路、航空、水路运输均较发达。从 20 世纪 90 年代开始，英国逐渐放缓公路投资，数据显示，2000 年至 2009 年，英国只有 46 英里（约 74 公里）的新建高速公路。因为投资不足，目前英国公路质量在全球排名第 24 位，而同时期法国排名全球第 1 位，德国排名第 10 位。

2010 年英国在公路上的投资水平达到了历史最低点，仅为 1960 年高峰投资水平的 1/3。因此，近年来英国政府开始重新审视过去的投资行为，重视基础设施发展的需求和存在的不足。

根据 2012 年的数据显示，英国公路总里程达 39.5 万公里，公路交通四通八达。高速公路和 A 级公路承担了公路运输量的 65%，但高速公路仅占总里程的 1%。

（2）铁路

英国铁路的发展也经历了与美国类似的情景。1825 年，英国的第一条铁路也是世界第一条铁路（斯托克顿—达林顿铁路，全长 40 公里）修建成功。在工业革命和经济发展的推动下，19 世纪 30 年代、40 年代、60 年代英国出现了铁路建设的三次高潮，铁路运输开始在全国范围内占据统治地位。1880 年，主要的铁路线路基本建成；1890 年，全国性铁路网已形成；在鼎盛时期的 1928 年，铁路营业里程达到了 32565 公里。之后受到两次世界大战和公路运输激烈竞争的影响，铁路运输市场份额逐渐萎缩，路网规模不断缩小。

2009 年，英国开始规划建设高速铁路 2 线（HS2）。该线从伦敦到伯明翰，然后分别通往曼彻斯特和利兹，形成“Y”形高速铁路网，全长约 540 公里。

（3）航空

英国是人类现代史上首个具有全球影响力的国家，航空对英国发展具有重要的影响。英国首次飞机飞行出现在 1908 年。1924 年，4 家航空公司组建了英国皇家航空公司。1935 年，英国开辟与澳大利亚之间的航线。20 世纪 60 年代，民航运输开始成为英国大众化的运输方式。1971 年，英国成立民航管理局，实现安全监管并进一步扩大许可、增强服务竞争。1980 年通过的《民航法》开启了英国航空公司私有化的进程。1985 年，英国的国家机场管理局（BAA）进行私有化改革，转变成 7 家机场控股公司（伦敦及周边地区 3 家、苏格兰地区 4 家），其他地方机场由地方管理局所有。到 20 世纪 90 年代末，英国民航业基本实行私有化运营。

在 1998 年出台的交通白皮书中，英国在民航方面放宽政策，鼓励地方机场开通国际航线；改善枢纽机场的公交衔接，注重改善轨道交通，提高公共交通服务水平。在 2004 年出台的新交通白皮书中，在民航方面充分利用既有机场运输能力，并保证在能力增加时将对主要机场周边社区和环境造成的负面影响降到最低程度。

（4）水运

英国海岸线长 11450 公里，拥有位列全球前列的商船船队，海岸线 10 公里以内生活着全英 30%的人口，沿海 600 多个港口，12 个港口的年吞吐量超过千万吨，扼守西欧航线。

英国港口分为私有港、信托港和市政港，其中私有港占 2/3。在保证港口业以最低成本服务国家和地区经济并最大限度提高盈利水平确保港口持续发展的基础上，英国政府不过多干预港口事务，产业发展环境宽松，产业发展快速。

2）交通基础设施发展目标分析

1998 年，英国出台了交通白皮书《交通新政：更好为大家》。该白皮书以可持续发展为核心，试图创造一个更好的、更具综合性的交通运输系统，以解决交通堵塞和污染问题。

2004 年 7 月，英国出台新交通白皮书《交通运输业的未来：2030 年的路网规划》。新交通白皮书围绕未来 30 年持续的投资、改进运输管理和提前做好规划 3 个主题展开，按主题确立的 2030 年各项战略目标如下：

① 公路。目标是能为驾驶人、其他公路使用者和商业活动提供一个更可靠、更通畅自如的公路网；以丰富的信息为依托，可以对出行时间等作出最佳选择；继续提高安全性，建立出行需求与环境影响的平衡。

② 铁路。做好项目管理，控制成本，在可获得的财政支持下生存；提高铁路服务的可靠性；基于收益最大化原则进行投资决策，平衡运输网路建设决策；推行铁路管理体制改革，明确清晰的业绩责任；提出国家铁路网的公共部门应当与私营部门合作，形成在政府监管下由私营部门提供服务的公共运输业。

③ 公共汽车。在交通拥堵地区给予公共汽车优先权，更多地使用预售车票以加快上车速度，从而确保正点率；建立对出行者和纳税人而言具有良好价值的公交系统；提供便捷的车次信息、旅行信息服务；整合公交与其他交通方式之间的网络，实现无缝衔接；确保出行者整个行程（在途或往来车站）的安全；设计和维护好公共汽车，并使其保持干净、舒适、有吸引力。

④ 步行与自行车。英国 2030 年的路网发展战略对慢行交通给予了特别关注，增加步

行和骑自行车出行的数量，尤其是短途行程的出行量。

⑤ 航空与水运。充分利用既有机场和港口的运输能力，为英国在全球经济中持续不断的成功提供支撑，同时积极减少对环境和社会的影响。

⑥ 货运。促进有竞争力的、可靠的、高效率的货运业可持续发展，同时减少货物运输对交通拥堵及环境造成的影响。

⑦ 地方性与区域性的作用。英国认为，对于地方的运输需求而言，中央政府并非总是最合适的决策机构。因此，需要改进当前的运输决策体制，增加地方机构的决策权，保证运输服务能更好地适应地方需求和偏好。

⑧ 保护环境。平衡运输需求增长和环境保护的关系，向更清洁、更低噪声和减少环境破坏的方向发展。

⑨ 安全与防卫。既要减少运输活动自身的风险、提高安全性，也要通过减少犯罪和故意破坏公共财物的行为保障运输网中乘客的人身安全。

### 3.1.3　日本交通网的发展历程与分析

1）交通基础设施发展历程

（1）公路

日本把公路分成 4 种，即高速公路、一般公路、都道府县公路及市町村道路，这 4 种公路构成了日本全国的公路网。2018 年，日本全国公路通车里程总体规模为 127.95 万公里，其中高速公路 9341.1 公里，约占全国公路通车总里程的 0.73%；一般公路 6.58 万公里，占 5.15%；都道府县公路 14.27 万公里，占 11.15%；市町村道路 10.62 万公里，占 82.97%。公路网建设多年来对促进和推动日本现代综合运输体系的形成和发展发挥了重大作用。

（2）铁路

2017 年底，日本铁路总长度 27897 公里，当年完成客运周转量 4373.62 亿人公里，完成货运周转量 216.63 亿吨公里。高速铁路方面，1964 年 10 月 1 日，世界上第一条高速铁路——东海道新干线建成通车，在此后的 50 余年间，新干线线路不断发展，逐渐延伸至日本本州岛、九州岛的大部分地区。截至 2013 年 3 月，已有 6 条标准轨距的新干线全线或部分开通，线路总长达 2388 公里。当在建、计划建设及未来规划建设的高速铁路建成后，日本将形成较完整的新干线高速铁路网。

（3）航空

日本航空运输在全球处于领先地位。21 世纪以来，日本航空运输市场进入成熟期，受经济波动影响较大。日本主要的航空公司有两家，即日本航空（JAL）和全日空航空（ANA），以成田国际机场（地处千叶，国际线）、东京国际机场（通常称羽田机场，国内线为主，国际线为辅）为基地，联通全球298个城市。

（4）水运

日本由4个大岛和3900多个小岛组成，海岸线长2.9万公里。目前，日本全国已建成大小港口994个。其中，最主要的港口（国际战略港）有6个，千叶、横滨、川崎、东京港在东京湾内，大阪、神户港在大阪湾。

2）交通基础设施发展目标分析

（1）《交通政策基本法》

2013年，日本通过《交通政策基本法》，针对交通政策制定相关措施，包括：

① 保障国民生活不可或缺的交通手段，尽可能满足人们的通勤和货物的畅通运输；

② 实现老人、残疾人及孕妇等群体在日常生活中的畅通运输；

③ 提高各种交通运输方式的准时性、速达性和便捷性；

④ 提高面对大规模灾害交通机能的应对和恢复水平；

⑤ 减少交通带来的环境污染与破坏；

⑥ 完善综合交通运输体系；

⑦ 促进交通运输及相关企业健康发展；

⑧ 增强交通运输业及旅游业的国际市场竞争力；

⑨ 加强区域内交通网及运输枢纽建设；

⑩ 实现交通与旅游支柱产业融合；

⑪ 促进交通新技术新手段的应用；

⑫ 加强国际技术交流与合作。

（2）《日本2050国土构想》

2014年，日本政府制定并公布了《日本2050 国土构想》，为了形成与自然和谐相处的运输系统，同时考虑国土开发规划、安全和环境，日本政府明确了未来交通发展的三大目标。一是加强通向世界特别是亚洲的国际交通基础设施建设，确保日本的国际航线和海上航线运行。二是形成一个更加高效、快捷的国内运输系统，同时与地区交通网络相连接；在全国范围内形成“一日”交通网络，从而进一步提高全国各大城市之间一日游的可能性。三是结合不同运输方式的特征，提高运输系统抵御自然灾害的能力，降低环境污染程度，创建和谐的交通运输系统。

### 3.1.4　国际组织提出的目标和指标

（1）联合国《2030 年可持续发展议程》

联合国在《2030 年可持续发展议程》中，专门针对基础设施建设和交通运输体系提出了目标和指标。

该议程第 9 条提出“要建造具备抵御灾害能力的基础设施，促进具有包容性的可持续工业化，推动创新”。其中，9.1 部分提到“要发展优质、可靠、可持续和有抵御灾害能力的基础设施，包括区域和跨境基础设施，以支持经济发展和提升人类福祉，重点是人人可负担得起并公平利用上述基础设施。”

该议程第 11 条提出“要建设包容、安全、有抵御灾害能力和可持续的城市和人类居住区”。其中，11.2 部分提到“到 2030 年，向所有人提供安全、负担得起、易于利用、可持续的交通运输系统，改善道路安全状况，特别是要扩大公共交通，要特别关注处境脆弱者、妇女、儿童、残疾人和老年人的需要”。

（2）达沃斯指标体系

达沃斯指标体系中反映交通行业竞争力的指标主要以基础设施为代表，分别从道路设施、铁路设施、航空设施、港口设施 4 个方面进行评价，并以此为基础评价设施综合水平。

① 道路设施：道路直线度、道路车速、道路基础设施质量、地面运输效率。

② 铁路设施：轨道路网长度、铁路基础设施质量、铁路运输服务效率。

③ 航空设施：航空运输连接度、航空基础设施质量、航空运输服务效率。

④ 港口设施：海运运输连接性、港口基础设施质量、港口服务效率。

## 3.2　国外相关交通网建设的启示

借鉴国外经验应从我国国情出发，依据经济社会发展需求和资源约束情况，吸取国外经验的长处和优点，避免其短处和不足，为合理构建我国综合立体交通网提供有益的参考。

### 3.2.1　设施网络规模和结构与工业化和城市化进程紧密相关

以美国为例，为满足经济社会的发展对交通运输的要求，交通基础设施建设贯穿美国整个工业化进程。在工业化初期阶段，整个经济活动产生的客货运输需求总体较小，运输设施增加缓慢。工业化革命使资本主义大工业在美国取得快速发展，也使交通运输与经济发展的传统关系发生了根本性改变。生产资料的大规模集中和机械化大生产使燃料、原材料的需求量大大增长，加工工业中心开始远离原料产地和最终消费地，导致货物运输量和距离比以前大大增加。在工业化中后期，已建基础设施规模和运输能力不能满足经济社会的发展，美国致力于州际高速公路建设。1956 年至 1960 年，美国建设州际高速公路 16000 公里。1990 年，美国国家州际公路网络基本建成，总里程达到 68000 公里，占美国现有高速公路总里程 75%以上。20 世纪 70 年代，随着美国第一次现代化的基本完成，其大规模交通基础设施建设也基本完成，综合交通运输的现代化发展逐渐向第二阶段迈进。

总之，工业化快速发展促进了经济总量的迅速增长，导致客货运输需求的大幅增加，要求不断扩大交通运输基础设施和规模。美国、英国、日本等发达国家交通运输发展历程表明，交通运输基础设施建设一直贯穿工业化过程。在工业化初期，发达国家开展了大规模的水运和铁路建设；在工业化中后期，随着汽车工业的发展，开展了大规模公路建设，尤其是高速公路建设。发达国家工业化期间的交通运输基础设施建设，有效支撑了经济社会的发展。

### 3.2.2 交通网空间布局经历了从“点”“线”“面”到“立体”“轴”的转变

以日本为例，第一次《全国综合开发计划》时期（1961 年至 1968 年），日本港口、机场等基础设施建设初步完善，高速公路建设取得长足进展，交通基础设施的建设为日本形成了若干开发据点。第二次《全国综合开发计划》时期（1969 年至 976 年），日本开始重视综合交通体系的建设，特别是高速公路和新干线高速铁路贯穿日本国土的南北，基本形成了日本国土的主轴。第三次《全国综合开发计划》时期（1977 年至 1986 年），日本进一步加快了高速公路和新干线高速铁路的建设步伐，纵贯国土的高速铁路和高速公路经济带基本形成，有效支撑了该时期日本国土的“面状开发”。第四次《全国综合开发计划》时期（1987 年至 1997 年），日本通过海陆空立体交通体系将整个国土连成一片，继“以点连线”“以线带面”的国土开发模式之后，开始了立体式的国土开发模式。第五次《全国综合开发计划》时期（1998 年至今），日本交通基础设施建设的一个鲜明特点是更加重视加强都市圈内部的综合交通体系建设，并提出了“区域半日交通圈”的构想，促进大都市圈交通与经济社会的协调发展。

从日本交通基础设施发展模式可以看出：从国土空间开发和交通基础设施建设的耦合

过程来看，交通基础设施发展模式经历从“点”“线”“面”再到“立体”“轴”的开发，能够有效地促进经济社会的均衡发展。

### 3.2.3 高速公路一般经历 20～30 年的快速发展时期

主要发达国家高速公路的发展大都经历了建设起步时期、大规模建设时期、稳定发展与完善时期。在 20 世纪 40 年代中期至 50 年代初期，美国高速公路开始建设，但发展速度相对较慢，平均每年新建高速公路不到 1000 公里；而在 1956 年至 1978 年的 20 多年间，美国高速公路建设进入快速发展阶段，平均每年新建高速公路约 3000 公里，其中在 1966 年的一年间新增里程高达 16000 公里，20 多年的大规模建设使美国的州际公路系统基本形成；在之后的 20 多年间，美国的高速公路建设速度降至每年 300 公里左右，开始进入稳定发展期。日本的高速公路也在 20 世纪 60 年代至 70 年代经历了相似的快速发展阶段，平均每年建成的高速公路由原来的几十公里增长到 200～300 公里左右；经过 30 多年的集中建设，基本形成覆盖全国的高速公路网。

### 3.2.4 铁路设施里程达到一定规模后需更加注重质量和科技创新

美国的第一条铁路诞生于 1830 年 5 月 23 日。19 世纪 60 年代中期至 20 世纪初是美国铁路的大发展时期；1916 年美国铁路总里程达到历史最高峰，约 41 万公里。20 世纪 10 年代末期至 70 年代末期是美国铁路大拆除时期；2007 年末，美国拥有铁路营业里程约 23 万公里。以 1916 年为分界点，此前美国铁路里程不断增长，此后大量线路被拆除、废弃。

英国铁路的发展也经历了与美国类似的情景。1825 年，英国第一条铁路也是世界第一条铁路开通；1890 年，全国性铁路网形成；鼎盛时期的 1928 年，铁路营业总里程达到了 32565 公里。20 世纪 50 年代以后，英国铁路网出现萎缩。截至 2005 年底，英国铁路拥有铁路营业里程 16116 公里，仅为鼎盛时期的 50%左右。

美国、英国的铁路发展历程表明，铁路的里程不可能无限扩张，在线路里程发展到铁路网能够满足一定的普遍服务要求并出现平行线路的竞争时，线路规模的发展就完成了历史使命。因此，仅以线路里程来衡量，铁路基础设施规模是有上限的。

同时，发达国家在铁路基础设施发展方面更加注重质量和科技创新。美国在重载铁路建设及技术装备研发上一直处于世界领先地位。日本是世界高速铁路创始国，1964 开通运营了世界上第一条高速铁路——东海道新干线。除了保持在传统技术领域的领先地位外，这些国家始终瞄准世界科技发展的前沿，规划其未来铁路科技发展战略。

### 3.2.5 民航发展要通过国家战略来规划和引导且伴随着市场化改革

各国重视通过国家战略来规划引导和支持民航发展。美国早在1944年就出台了《国家机场计划》指导战后机场的建设发展，20世纪80年代制定了《综合机场体系国家规划》引导国家机场体系的发展并定期更新规划至今。日本将航空纳入国土规划战略规划中，通过高层次的定位来确立航空运输发展的战略地位、作用及支持发展的重点。日本在第一次《全国综合开发计划》时期（1961年至1968年），机场等基础设施初步完善；在第二次《全国综合开发计划》时期（1969年至1976年），加强了以城市机场为核心的全国性航空网建设；在第四次《全国综合开发计划》时期（1987年至1997年），全力构建全国综合航空网。英国将民航发展纳入国家战略指引的交通白皮书。

同时发达国家民航的发展均伴随着市场化改革。民航发达国家均根据各国民航发展的阶段及自身条件稳步推进市场化的改革，逐步发挥市场对资源分配的主导作用，建立充满活力的市场。美国于20世纪70年代推进了放松民航管制，以英国为代表的欧洲国家于20世纪80年代推进了民航（包括机场）的私有化改革，日本则于20世纪80年代对民航进行民营化改革。此外，政府在市场化过程中致力于基本公共服务的保障。如美国在实施放松管制后，为偏远地区及小社区的民航提供基本公共服务等支持；英国等欧洲国家为岛屿等偏远地区的航空运输服务提供支撑。

### 3.2.6 水运设施主要依托自然条件建设，突出服务保障能力

纵观全球，目前的海运强国——美国和日本，它们依据发展环境、自身条件、国情特点，各自采取了适应本国国情的发展模式，并保持了海运强国的地位。美国以强大的军队实力保障全球主要航运通道安全，政府出台政策保障国内重点物资运输，以技术创新引领部分海运规则、标准的制定。日本值得我国借鉴的是建立航运产业链，以市场和资本为纽带，实现与上下游企业合作共赢，提高整体竞争力。总体上，这两个国家水运基础设施的规模变化不大，但是服务保障能力和国际影响力都提升得较快，已经建成了海运强国。

## 3.3 国外相关规划评价综述

规划评价最早是对城市规划执行情况所作的评价，其内涵在于通过城市环境、经济、

社会及基础设施等的变化来对规划进行系统性评价。在西方发达国家实践中，规划评价已经成为普遍做法。2003年，英国政府发布《中央政府评估绿皮书》，要求政策和规划在制定前需要进行预估，实施过程中需要监测，实施结束后需要进行评估。

### 3.3.1　国外规划评价发展历程

从欧美国家的发展历程来看，其规划评价经历了一个从起步到逐步完善的过程。20世纪50年代，规划评价逐步开展起来，开始阶段主要是方案自身评估，随着研究的深入，经济学、系统论、政治学等方法和理论被不断地引入规划评价领域，再加上城市规划体系的不断完善和发展，规划评价在规划体系中的地位不断提升，其研究也得到了广泛的开展。外国规划评价的发展主要经历了以下4个阶段：

（1）20世纪50年代以前，主要是方案的规划评价

在西方早期的城市规划领域，尤其是20世纪50年代前，规划评价主要是对规划方案和内容合理性的评估，属于规划实施前评估。

（2）20世纪50年代至60年代，注重实施过程和效果的规划评价

20世纪50年代后，随着城市规划体系的不断完善和发展，规划评价方面的研究得到了广泛开展，其研究的对象也得到了拓展，不再是单纯的规划方案评估，实施过程和实施效果的评估已经成为发展的主要方向。

（3）20世纪70年代至80年代，注重价值判断的规划评价

20世纪70年代后，城市规划评价理论得到进一步发展，从最初的实施前评估、简单的实施结果判断、关注技术价值，向实施过程和效果评估、动态的过程监测、注重全面价值观等方向转变。这个时期，以大卫•哈维（David Harvey）等激进学派为代表的专家，从更加注重综合价值判断层面对规划评价理论进行了拓展，突出了现代城市规划可持续公共政策的基本理念；规划的价值取向成为这个阶段学者们开始关注的重点，也成为对规划进行实施评估的首要内容，在此基础上再进一步判断其科学性、公益性等问题。

（4）20世纪90年代以后，系统、全面的规划评价

1989年，亚历山大（Alexander）和法吕迪（Faludi）提出了规划实施评估的PPIP（Policy-Plan/Programme-Implementation-Process，政策—规划实施评估过程）评估模型。PPIP评估模型针对以往规划实施评估研究理论框架中存在的不系统、不全面和缺乏整体性等一系列问题，提出评估要充分考虑实施过程中有关法规、政策、程序、实施结果及其他不确定因素对实施的影响，并强调从过程是否一致、进程是否合理、规划方案、实施结果、实施效

果等方面对规划实施情况进行综合评价。麦克·乌林（Mc Uughlin）对澳大利亚墨尔本的城市规划和实施情况进行了全面系统研究，特别强调了规划实施评估对城市发展的作用，指出要建立系统、全面的城市规划指标体系，对城市规划实施情况进行全面的评估。他认为单纯的技术体系和技术手段的评估工作无法反映规划整体实施情况。

从规划评价工作来看，国外规划评价内容已经从最初只注重实施前规划方案评估或实施后结果评估，逐渐转向注重实施过程和实施效果的系统和全面的评估，更加注重对综合价值取向和各相关配套政策的影响分析。

### 3.3.2 国外规划评价理论方法

欧美等国对规划实施的评估，最早源于对政策实施的研究，后期逐渐探索备选方案、规划决策的实施效果评估，并逐渐形成了一系列评估理论。

（1）理性规划与交互规划理论

理性规划理论通过权衡社会资源的耗费与规划目标之间建立起相互匹配的关系，在规划政策领域引入监测和评估机制，把经济性（Economy）、高效性（Efficiency）、有效性（Effectiveness）的“3E”原则作为规划项目评估的基准，注重现有资源利益和发展效益的最大化，用“相对优化”代替“最优化”。而交互规划更多考虑的是利益相关者与规划目标之间的关联性，构成了“实施前评估-监测-实施后评估”的基本系统评估框架，并由公众对规划是否合法和有效、规划方案的测试与筛选、规划实施过程的修正和实施结果给予评价与反馈。

（2）基于一致性理论

一致性评估理论认为，不确定性因素的存在使规划评价必须考量规划的实施情况。规划实施过程中存在着环境背景、社会经济形势、不同利益相关者偏好、价值观的改变及现实环境等不确定因素，所以评估的关键是衡量实施结果是否与规划目标相吻合，以及规划实施结果与方案设计的对应程度。

（3）基于绩效评估理论

主要针对规划实施过程中目标实现程度进行评估，属于目标实施的事后评价。规划的关键在于实施，实施效果关键在于绩效目标。对规划实效的评估仅停留于规划方案本身或规划前后的对比是远远不够的。结合行政体制改革的现实需要，绩效评估已成为政府决策和管理的重要工具，在推动政府绩效问责和体制改革等方面发挥了重要作用。

（4）基于环境理论

规划实施不仅取决于制度因素，还取决于环境影响要素。随着可持续理念的深化与发展，以及生态控制理念的引入，规划评价更加关注社会和谐、生态维系和空间公平等议题。规划评价通过设置多元约束性指标来对政府公共决策加以指导，其实质是通过规划评价来衡量政府政策对可持续发展的影响。

随着国外规划评价理论的逐步完善，评估方法也呈多样化趋势。从西方学者的研究来看，按照评价与所使用信息特征的关系，可分为基于数据的评估、基于模型的评估、基于专家知识的评估及基于数据、模型、专家知识的综合评估等；规划评价的方法也并非一种，在同一次规划评价中可以兼容多种方法，如线性回归法、层次分析法、结合德尔斐法、空间叠加法等。在规划评价中，指标是评估的基础，应是有数据支撑的、具有一定空间意义的、有时间的延续性及动态性、可以操作的、可以转化及解释的。目前西方国家在制定公共政策过程中，首先长期引入成本评估机制，采用一定方法来量化政策实施的效果，着重强调公共政策的经济性与效率；其次是采用以规划过程为核心的利奇菲尔德评估方法，衍生出众多基于规划过程的分析方法。

## 3.4　我国交通运输规划评价

自“十五”开始，我国正式启动了交通运输规划评价工作，对于改善我国发展规划中长期存在的“重编制、轻实施、缺评估”等现象取得了一些成效。但是，由于体制机制的原因，尤其是发展规划本身缺乏法律保障，规划评价在评估主体、评估方法、评估过程和结果运用上仍然存在着一些亟待解决的问题，在一定程度上影响了发展规划评价的权威性和实施效果。

### 3.4.1　交通运输规划评价历程

我国规划工作长期存在“重编制、轻实施、缺评估”的状况。以交通发展规划为例，除了对“一五”的完成情况进行过全国性检查之外，在“十五”前从未系统地评估过五年计划的实施情况。

2003 年，我国首次开展了交通五年计划的中期评估，经过多年探索，基本形成了“中期评估 + 总结评估 + 年度监测评估”的发展规划评价制度体系。

2008 年启动的“十一五”交通运输规划中期评估奠定了规划中期评估的制度基础。国务院、各地方规划管理机构均组织开展了中期评估，并首次引入第三方评估。国家发展和改革委员会在各方报告的基础上，形成了“十一五”交通运输规划中期评估报告，于2008年12月提交全国人大常委会审议。

“十二五”时期，我国正式启动交通发展规划总结评估。“十二五”交通运输规划中期评估延续了“十一五”规划中期评估的经验，并首次通过网络面向社会公众开展调查。2014年，国家发展和改革委员会制定了《重大事项后评估办法（试行）》，要求对其组织编制、起草或批准的发展规划开展后评估。2015年，交通运输部正式开展了发展规划的总结评估工作，为“十三五”规划编制和实施打下基础。

“十三五”时期，规划年度监测评估制度正式确立，进一步采用了过程评估与效果评估相结合的方式。“十一五”和“十二五”期间，国家发展和改革委员会和一些地方开始针对规划年度进展的监测进行了探索，但是没有形成固定的制度安排。2016年，根据国家发展和改革委员会下发的《关于组织开展2016年度“十三五”规划实施情况监测工作的通知》，交通发展规划年度监测评估迈入正轨。

### 3.4.2 交通运输规划评价现状

我国交通发展规划评价尚处于探索和起步阶段，在技术方法、组织模式和纠偏机制等方面仍有待进一步完善。

（1）交通运输规划评价组织模式

从交通运输规划评价组织模式来看，仍以政府自评估为主，委托第三方评估为辅，缺少真正意义上的独立第三方评估。客观性是政策评估的灵魂，采用第三方评估是实现客观评估的重要手段，而第三方的独立性则是保证客观性的前提。政府自评估是由编制或实施部门对规划目标和任务的实现程度进行评价和总结，本质上是内部评估。独立第三方评估则是由独立于规划编制主体、实施主体或受益主体的第三方机构，自主开展对发展规划实施情况和效果的评价。

我国从“十一五”规划中期评估开始引入自评估与委托第三方评估相结合的方式。但是，受聘于规划制定者的第三方评估机构并不是真正意义上的独立第三方，评估主体实际上仍然是规划的编制和实施者，其评估的独立性和公信力往往容易受到挑战，不利于客观、科学地诊断规划实施中存在的问题。

（2）交通运输规划评价方法

从交通运输规划评价方法来看，基本上采用的是目标一致法，难以有效衡量规划实施的实际影响。如何科学有效评估发展规划的实施效果一直是实践和理论研究的难点问题，规划评价者和学者也针对规划评价方法开展了很多有价值的探索。通过对已有综合交通网络发展水平评价研究成果进行梳理，我们发现，研究内容主要集中在综合交通系统发展水平评价、区域综合交通网络规划方案的评价及优选、节点城市之间的交通联系度、公路交通网络可达性等方面；研究范围方面，主要集中在对单一交通运输方式、城市群及都市圈等范围内的交通网络发展水平的评价，对综合交通网络发展水平的研究成果较少。

目前在规划评价实践中主要使用目标一致法考察规划目标的完成情况。然而，规划目标与发展结果的因果关系十分复杂，发展的结果在多大程度上可以归因于具体规划的实施，往往难以直观判断。如果不能精确衡量规划实施的实际影响，就难以有效指导下一轮规划编制工作。

（3）规划评价指标

从规划评价指标来看，还存在设计不科学、衔接不畅等现象，影响了规划评价的效果。无论是自评估还是第三方评估，往往仅关注规划目标的完成率，而对规划本身的合理性和实现规划目标所付出的代价缺乏有效的评价。而且，目前的规划评价指标存在“重短期结果指标、轻长期影响指标”“重效率指标、轻效益或效能指标”的现象，难以实现真正意义上的绩效评估或绩效审计。

综合交通网规划评价，在评价指标方面，构建的评价指标主要包括设施总量规模、运输量、经济类等偏宏观的指标，缺乏能准确反映综合交通网自身发展特征和战略目标的结果、相对量等客观的指标；在评价方法方面，用于评价的方法主要包含定性评价方法和定量评价法两类，评价方法类型较为单一，定性评价方法容易忽视指标数据本身所蕴含的信息，定量评价方法易忽视专家的知识和经验，亟须结合综合交通网的指标数据特性对评价方法进行深入研究。

另外，目前交通运输规划评价指标设计非常依赖现有的统计基础，但现行统计指标与国家战略要求不同步。比如，近些年国家战略重点在高质量发展和建设中国特色社会主义现代化强国，但却缺少对应的统计指标，客观上造成了评估的困难。

（4）规划评价过程

从规划评价过程来看，仍然相对封闭，缺乏透明度，公众参与不足。规划是一个政治动员过程，是全社会统一思想认识、凝练社会价值观、形成共同目标的过程。规划评价也应从普通群众或者规划重点关注的目标群体的视角出发，从实际感受出发，而不仅是从官方统计数据出发来评价规划实施效果。

近些年，我国在交通发展规划的编制过程中实行的“开门编规划”取得了较大进步，但规划评价中“开门评估”仍然不足。“十三五”规划中期评估中，很多地方都开展了公众社会调查，但受调查方式和技术限制，公众对于评估的知晓度和参与度总体不高。

（5）评估问责和纠偏机制

从评估问责和纠偏机制来看，各级监督机关对于规划评价的问责和纠偏机制还不健全，尤其是监督机关的作用发挥不足，难以对责任单位形成硬约束。在现行的规划中期评估过程中，各级人大主要采取听取政府关于规划执行情况汇报的方式进行评估，人大机关尤其是地方人大机关的监督主体作用发挥不充分，存在部分工作交由政府部门来推动的现象。这些现象使中期评估报告以总结成绩为主，对问题缺乏深入剖析，提出的整改意见缺少针对性和可操作性。

第 4 章

# 综合立体交通网规划与构建

# 4.1　现有交通运输规划分类与实践

交通运输规划是经济社会发展规划的重要组成部分，同时也是空间规划的关键环节。交通运输规划对交通运输领域的发展具有战略导向、资源配置和统筹协调作用，也是政府指导交通运输行业发展、审批及核准重大交通项目、安排政府投资、制定相关政策的依据，对于促进城乡区域社会经济发展具有战略意义。

## 4.1.1　现有交通运输规划分类

我国编制和发布的交通运输规划有效指导了各层面的交通建设，尤其在交通基础设施网络发展过程中发挥了重要作用，已逐步形成了分类型、分方式、分领域、分层次的交通运输规划体系。

（1）根据规划内容及用途分类

根据交通运输规划的内容及功能差异，通常可以分为交通运输发展战略规划、中长期发展规划、五年发展规划、设施建设规划等类型。如交通运输发展战略规划通常被认为是宏观远期规划，侧重方向性和指导性，需要经过数个五年规划来实施；而交通运输五年发展规划通常是社会经济发展规划的组成部分，需要围绕重大战略规划的目标和中长期任务来制定具体任务和指标，五年发展规划在发展重点方面具有一定的连续性。

（2）根据交通方式分类

根据交通运输方式不同，通常可以分为铁路、公路、沿海港口、内河水运、民用航空、管道等规划种类，还有侧重于衔接多种运输方式的综合运输枢纽专项规划，以及促进多式联运等发展的规划或指导意见。

（3）根据发展领域分类

按照推进交通运输发展的主要领域不同，可以按照交通基础设施、运输服务、科技创新、信息化、标准化、节能环保、安全应急、人才队伍、行业精神文明等不同领域，编制分领域的交通运输规划。

（4）根据规划编制层级分类

按照交通运输发展规划编制或发布主体的行政层级不同，通常可以分为国家级，省（自治区、直辖市）级，市县级交通运输发展规划。此外，交通运输发展规划还包括跨行政区的区域交通运输规划、城市群（都市圈）交通运输规划等类型。

### 4.1.2 典型交通运输规划实践

（1）交通运输发展战略规划

交通运输发展战略是国家整体战略的重要组成部分，是国家战略在交通运输领域的集中体现。改革开放以来，为指导交通运输发展，结合交通运输发展阶段性特征，交通运输行业主管部门以战略、纲要、意见等各种形式出台了若干明确行业发展方向的战略性文件。

1985 年，交通部制定了《2000 年水运、公路交通科技、经济和社会发展规划大纲》，提出了我国交通运输发展的长远战略目标：2000 年前后，重点建设一个以“三纵五横”8 条运输大通道为骨架，衔接各运输大枢纽，分层次发展的综合交通网。

1989 年，交通部提出用几个五年计划的时间建设公路主骨架、水运主通道、港站主枢纽和交通支持保障系统（即“三主一支持”）的长远发展战略构想，为加快交通运输发展明确了目标。

2001 年，交通部印发《公路、水路交通发展三阶段战略目标》，制定了交通运输至 2010 年、2020 年、2040 年三个发展阶段的战略目标。

2003 年，铁道部提出实施铁路跨越式发展战略，提出到 2020 年基本实现中国铁路现代化，运输能力适应国民经济发展，主要技术装备达到发达国家水平，服务质量基本满足旅客、货主需求。

2010 年，中国民用航空局印发《建设民航强国的战略构想》，提出到 2030 年，全面建成安全、高效、绿色的现代化民用航空系统，实现从民航大国到民航强国的历史性转变，使我国成为引领世界民航发展的国家。

2019 年，中共中央、国务院印发《交通强国建设纲要》，绘就了未来 30 年我国交通运输发展的宏伟蓝图，其作为建设交通强国的顶层设计和系统谋划，明确了新时代交通运输发展战略目标和战略任务，掀开了新时代交通运输工作的新篇章。

2020 年，为推动内河航运高质量发展，交通运输部印发《内河航运发展纲要》；同年，中国国家铁路集团有限公司发布《新时代交通强国铁路先行规划纲要》。

2021 年交通运输部印发《农村公路中长期发展纲要》，提出到 2035 年，形成“规模结构合理、设施品质优良、治理规范有效、运输服务优质”的农村公路交通运输体系。

（2）综合交通网布局规划

1992 年，交通部组织编制了《全国公路主枢纽布局规划》，确定了全国 45 个公路主枢纽的布局方案。

1993 年，交通部组织编制了《全国港口主枢纽总体布局规划》，提出建设 20 个沿海港口主枢纽。

2000 年，国家发展计划委员会编制的《2000 年全国综合运输网规划纲要》首次提出了加强全国六大综合运输大通道的规划建议。这六大通道即煤炭外运通道、南北运输通道、东西运输通道、进出关运输通道、西南地区运输通道、西北地区运输通道。

2007 年，国务院常务会议审议并通过了《综合交通网中长期发展规划》，依据我国基本国情和经济地理特征，对各种运输方式按照其经济技术特征进行合理布局、分工协作和优势互补，经过优化比选提出了“五纵五横”10 条综合运输大通道和 4 条国际区域运输通道，推动了我国综合交通网络的迅速发展。

2007 年，交通部印发《国家公路运输枢纽布局规划》，确定了 179 个国家公路运输枢纽，其中 12 个为组合枢纽，共计覆盖 196 个城市。

2014 年，国务院印发《长江经济带综合立体交通走廊规划（2014—2020 年）》，提出建成横贯东西、沟通南北、通江达海、便捷高效的长江经济带综合立体交通走廊。

2015 年，国家发展和改革委员会、交通运输部发布《城镇化地区综合交通网规划》，确定 21 个城镇化地区，提出构建结构优化、层次多样、快速便捷交通运输网络，有效支撑和引领城镇化发展。

2015 年，国家发展和改革委员会、交通运输部发布《京津冀协同发展交通一体化规划》，提出到 2030 年形成“安全、便捷、高效、绿色、经济”的一体化综合交通运输体系。

2020 年，国家发展和改革委员会、交通运输部印发《长江三角洲地区交通运输更高质量一体化发展规划》，提出到 2035 年，以更高质量发展为重点，全面建成供需能力精准匹配、服务品质国际一流、资源集约高效利用的长三角地区现代化综合交通运输体系。

2021 年，中共中央、国务院印发《国家综合立体交通网规划纲要》，提出到 2035 年基本建成便捷顺畅、经济高效、绿色集约、智能先进、安全可靠的现代化高质量国家综合立体交通网。

（3）综合交通运输五年发展规划

“十二五”时期，国家发展和改革委员会、交通运输部开始编制综合交通运输五年发展规划。

2012 年，国务院印发《“十二五”综合交通运输体系规划》，提出了“十二五”期间综合交通运输体系发展的指导思想、发展目标、主要任务和政策措施，明确了国家发展综合交通运输体系的战略方针，交通运输发展从单方式、单纯的基础设施建设逐步转向全面、协调、可持续的综合运输体系建设。

2017 年，国务院印发《“十三五”现代综合交通运输体系发展规划》，提出构建横贯东西、纵贯南北、内畅外通的“十纵十横”综合运输大通道，建设快速网、干线网、基础网三张网，明确了国际性综合交通枢纽和全国性综合交通枢纽布局。

2021 年，国务院印发《“十四五”现代综合交通运输体系发展规划》，提出到 2025 年，综合交通运输基本实现一体化融合发展，智能化、绿色化取得实质性突破，综合能力、服务品质、运行效率和整体效益显著提升，交通运输发展向世界一流水平迈进。

2021 年，交通运输部、国家铁路局、中国民用航空局、国家邮政局、中国国家铁路集团有限公司联合印发《现代综合交通枢纽体系“十四五”发展规划》，提出到 2025 年，国际性综合交通枢纽集群协同开放水平持续增强，枢纽城市集聚辐射作用较快提升，枢纽港站及集疏运体系更加完善，一体化、集约化、人文化、复合化水平明显提高，枢纽经济发展活力进一步显现，现代综合交通枢纽体系建设迈出坚实步伐。

### 4.1.3 不同层次交通规划定位

不同空间层次的规划由于面向的对象不一样，主要任务是不同的。上层综合交通规划作为下层规划的指导，下层综合交通规划要以上层规划为前提和依据。不同层次的综合交通规划内容和细化程度是不同的，规划方法也不尽相同，层级越低要求规划数据精细度越高。

（1）国家级交通规划

国家级交通规划是对全国交通格局作出的全局安排，是全国交通线路、重大基础设施规划和建设的顶层规划，侧重战略性。国家战略层面的交通运输发展问题，如综合交通的发展政策，国家综合交通网的总体规模、结构、布局及主要通道的构建等，是国家级综合交通规划的主要内容。交通运输基础设施空间布局的总体规划是指导各种运输方式布局和发展规划的依据，从宏观上可指导下层的规划。

（2）区域级（含省级）交通规划

区域一般指省域、城市群或流域等。为满足区域内外经济发展的要求，区域级综合交通规划侧重对区际联系通道、区域内城市联系通道和农村通道的规划建设问题的研究，强调区域间的联系，以及区域内各地区的平衡与协调发展。区域级交通规划作为国家级和市域交通规划的中间层次规划，在规划中还需要考虑与上下位规划的协调，以保障规划内容的实施。

一方面，要服从上位规划，应当以国家综合立体交通网规划为依托，落实国家级交通规划运输通道在区域内的布局，合理确定运输通道线路走向，加强规划区域与周边地区的交通联系，引导和支撑国土开发及区域空间可持续发展，推动区域一体化进程，提升规划区域在国家层面的交通区位，侧重对区域交通廊道（如铁路、高速公路、国省干线，以及机场、铁路枢纽等）基础设施进行空间资源的布局安排，结合区域特性来补充完善；另一方面，区域网络与市域网络紧密衔接，有效扩大综合运输通道服务覆盖面，使区域内更多地区享有更便捷、多样、低成本的运输服务。此外，区域经济社会活动密度高、交通需求大，在资源环境约束下，充分发挥不同交通运输方式的优势，规划与空间格局、功能联系相匹配的低碳生态的交通体系，满足区域经济社会发展的内外运输需求。应当在符合国家、有关部委和所在省（区、市）交通发展要求的情况下，指导市域级交通建设，并形成跨空间区域的协调、协同体制与机制。此外，区域交通不仅有内部交通和对外交通，还有大量的过境交通，比如"省域运输网络规划""长江三角洲城市群综合交通规划"等交通规划主要满足长距离过境交通需求。

（3）市域综合交通规划

我国现有 300 多个地级行政区，经过近年的不断发展和进步，超过 60%的地级行政区交通运输系统有两种以上的运输方式。城市作为综合运输系统的重要节点，市域综合交通运输体系是城市国民经济与社会发展总体规划的重要组成部分。无论是规划的广度和深度，还是研究的内容与对象，市域综合交通规划与城市综合交通规划有着明显的不同。市域的交通层次更为复杂，既有市域对外各主要节点联系、城市内部交通，也有通勤交通、旅游交通和城乡客货运等。市域交通除了满足运输需求外，更重要的是通过交通系统建设支持重点地区的发展，促进新的城镇空间格局的形成。然而，现阶段城市交通规划、交通研究都局限于城区，大交通行业规划则侧重运输，把城市仅仅作为一个点加以考虑，而市域城镇体系规划中又往往缺乏支撑规划的交通专项研究。

市域的交通网络既是对国省交通网络的有效补充，又是对城市道路的延伸，服务城市内各城镇间、市区与郊区、城市对外以及过境的大容量快速交通联系需求。市域综合交通规划的主要内容为高速公路、普通国省道、农村公路、市郊铁路、市郊公路与其他交通方式衔接形成的综合交通网和市域交通枢纽等的规划。随着规划层级从宏观走向微观，采用的规划方法和手段会越趋向精细化。市域综合交通运输体系规划应结合地市自身经济社会和交通运输发展态势，**采用定性和定量相结合的方法，以问题为导向细致合理地分析。**

市域交通规划受国家级和区域（省级）层面交通规划的建设指导，满足交通发展和居民出行的需求，并作为**宏观层面国家级规划体系和中观层面区域（省级）规划体系的重要微观支撑**。市域层面的综合立体交通网规划应为**技术类规划**，需要提出控制项目线位走向及建设的具体要求，**是对上级交通规划要求的细化落实和具体安排，更加侧重可实施性。**

## 4.2 综合立体交通网构建面临新形势、现状与发展要求

### 4.2.1 综合立体交通网构建面临新形势

（1）交通运输领域将继续深化改革，转变政府职能，推进行业治理体系和治理能力现代化

综合立体交通网规划建设涉及行业内各方面，横向要协调国土、发改、环保等相关部门，纵向要处理好中央和地方及区域发展的关系。如何通过综合立体交通网规划建设，进一步推动深化供给侧结构性改革，推进交通运输治理体系和治理能力现代化，将是行业面临的新形势和要求之一。从交通运输行业看，经过多年的探索实践，我国综合交通管理体制逐步理顺，交通运输管理大部门体制初步形成，实现了对铁路、公路、水运、民航、城市交通和邮政等的统筹管理，为交通运输加快提升整体服务水平注入了新动力、新活力。这都将会对综合立体交通网发展产生深远影响。

（2）交通运输对空间演变和经济社会的引领作用日益突出，同时交通与相关产业融合发展不断增强

在空间类的规划中，交通运输始终是核心内容之一，不仅因为交通是城市的基本功能，还因为它对城镇的空间塑造与基本布局有重大影响。国内外城镇发展的诸多经验表明，在地区经济社会发展过程中，城镇空间的发展与综合交通运输体系的建设发展之间呈现出彼此配合和相互促进的关系。从社会规划体系看，交通运输作为联系社会经济各要素的纽带，拥有庞大的基础设施体量，要更好发挥经济社会先行官的引领作用。未来，随着经济全球化和区域一体化不断发展，要更多地站在城市群、区域、全国甚至全球的角度统筹交通发展问题。此外，随着综合交通运输网络体系不断完善，运输大通道基本贯通，快速铁路网、国家高速公路网初步形成，我国已成为世界上运输最繁忙的国家之一。交通运输作为服务社会经

济发展和人民生活的基础性行业的特征日益突出，交通行业呈现出与各产业的日益融合发展的趋势，“交通+”的平台式的发展理念被经常提及，现阶段交通与部分产业的融合发展也取得了良好的效果。新时期综合立体交通网要加强与社会经济和相关产业的融合发展。

（3）交通运输处在新技术新模式推动的前沿领域，将会带来系统性变革

随着新一轮科技革命的到来，大数据、云计算、人工智能等新技术将得到广泛应用，新能源、新材料将不断普及，都将会给交通运输领域带来全局性的影响。新技术不仅会带来交通基础设施和运输装备的革新，也可能会大幅提升交通系统运行效率。比如信息技术使我们能够连续跟踪、精细化把握交通系统的运行规律，从而更好地评估规划效果并实现动态的系统应对。又如自动驾驶、车联网技术的大范围推广应用，可能改变传统交通运输理论中“人、车、路”关系，对设施通行效率等产生较大影响。综合立体交通网要考虑未来技术发展变革对交通系统的影响，从而在未来方案和发展策略中适应新技术带来的变革。

（4）交通运输进入需求特征变化和更注重以人民为中心的发展思想的新阶段

纵观国际发达国家交通运输的发展历程，都是经历了由基础设施大规模建设向设施维护和服务提升的转变过程。早在 20 世纪 90 年代初，美国就开始出台了以“冰茶法案”（Intermodal Surface Transportation Efficiency Act，简称 ISTEA）为代表的系列交通法规政策。这些法案旨在提升交通系统的安全性、可靠性和通行效率，同时把交通规划、资金投入、技术标准、环境保护等纳入法治化轨道。欧盟于 2014 年发布《可持续城市移动性规划》（Sustainable Urban Mobility Plan，简称 SUMP），该规划作为指导新时期欧盟城市交通发展规划的纲领性文件，提出交通规划重点应该从关注交通流量转向人的出行，注重可持续性、经济活力、社会公平、公众健康和环境质量，同时也指出应该从传统的“精英规划”转向相关利益团体和公众共同参与的交通规划。当前，我国交通发展阶段和供需特征都发生了较大变化，在综合立体交通网规划中，一方面要加强硬件设施建设，继续推进交通基础设施建设，完善综合交通网络；另一方面要贯彻以人民为中心的发展思想，注重运输效率和服务水平提升，多方参与，建设群众满意交通。

（5）交通运输发展面临更多的资源环境的约束，将成为生态环保打好污染防治攻坚战的重点领域

习近平总书记强调，“今后 5 年是美丽中国建设的重要时期，要深入贯彻新时代中国特色社会主义生态文明思想，坚持以人民为中心，牢固树立和践行绿水青山就是金山银山的理念，把建设美丽中国摆在强国建设、民族复兴的突出位置，推动城乡人居环境明显改善、美丽中国建设取得显著成效，以高品质生态环境支撑高质量发展，加快推进人与自然和谐

共生的现代化。”[①]综合交通运输的发展建设会占用大量的土地，交通设施建设、交通装备制造和综合交通运输运行需消耗大量资源和能源，交通运输行业同时也是污染排放的大户。未来综合立体交通网规划与土地资源紧缺和生态文明保护之间的矛盾将愈加尖锐，综合立体交通网规划要与空间规划做好协调，统筹好各类通道资源集约利用；同时要将绿色发展理念贯穿到综合立体交通网规划的过程中，通过促进交通运输转型升级，加强综合运输结构优化，形成节约资源和保护环境的发展模式。

### 4.2.2 综合立体交通网构建现状

（1）顶层设计缺乏，相关协调机制和程序有待完善

从横向看，交通规划在空间体系规划和社会经济规划中发挥作用不突出，内容比重也不大，往往是作为国土或城乡总体规划的专项“嵌入”其中，而忽略了其对空间的重构和社会经济的引领作用。从纵向看，交通规划面临着城市内外交通之间、城市与区域之间、中央和地方之间交通规划建设管理不协调的问题，随着城市群和区域协调发展不断推进，将成为综合立体交通网规划推进的重大障碍。从行业内看，综合立体交通网规划的指导地位不够突出，国家层面综合立体交通网规划编制主体、程序等仍不明确，交通方式之间的衔接和协调考虑仍不充分。

（2）动态调整制度尚未建立，与建设、运营和服务脱节

首先，综合立体交通网规划的动态反馈机制、规划实施的长期跟踪机制和调整机制尚未建立，导致规划成果落后于社会经济发展和人民需求变化。其次，受制于部门职责划分，大量交通规划阶段对设施建设、交通系统运营内容缺乏考虑，比如部分城市出现了轨道交通规划建设和运营管理不匹配的现象。规划阶段与生态环境、林业、水利等部门衔接也较少。

（3）以行业设施内容规划为主，对服务和效率提升关注较少

首先，目前的综合立体交通网规划多数还是行业内各交通方式基础设施网络的“拼盘”，对交通方式间衔接和协调问题考虑得较少；其次，以人为本的规划理念贯彻落实不够，过于关注交通流量，对以人的移动为出发点的全过程服务规划考虑不够；最后，由于没有健全的法规和必要的科学监督、制约机制，专家意见、群众呼声和交通建设的科学性、长期性、系统性被搁置在一边。

（4）新技术应用尚处在初步探索阶段，依据经验规划较多

首先，目前交通规划建设还是基于现有的设施、装备和理念水平制定规划方案、测算

---

① 《习近平在全国生态环境保护大会上强调　全国推进美丽中国建设　加快推进人与自然和谐共生的现代化》,《人民日报》2023 年 7 月 19 日。

设施规模，未考虑日新月异的技术变革对交通系统供需关系的影响。其次，受限于传统计量模型与调研方式，存在大量经验主义、粗放式的规划手段，缺少大数据环境的规律分析和连续观测，难以适应未来精细化管理和治理能力现代化的需要。

### 4.2.3　综合立体交通网构建发展要求

（1）明确定位，建立综合立体交通网规划建设体制机制

一是以新一轮国土空间规划和社会经济发展规划为契机，突出综合立体交通网规划在国家整体规划体系中的地位，并从部门协调角度处理好综合立体交通网规划与国民经济规划、国土空间规划及其他交通相关规划的关系，完善补充资源配置机制。二是通过与国家发展和改革委员会、铁路部门和地方政府等的沟通协调，以深化供给侧结构性改革为出发点，推动建立国家层面的综合交通视角下各交通方式协调体制机制；同时处理好中央和地方的关系，进一步明确交通运输部门作为综合立体交通网规划建设的主体。三是适应当前以城市群为主体新型城镇化发展要求和区域协调发展要求，构建跨区域的综合立体交通网规划建设协调体制机制，协调好国家级交通网与城市群交通、城市内外交通、城乡交通之间的关系，突破由行政权责限制造成的对交通运输通道和节点等对象的布局约束。

（2）规范程序，保障综合立体交通网规划建设落地

一是通过立法保障综合立体交通网规划的权威性与落地实施。综合立体交通网规划立法应明确综合规划内容，针对规划编审程序、规划内容、评价标准、项目实施等具体内容作出相关规定。二是做好综合立体交通网规划与建设管理服务的协调一体。树立“规划建设为运营、运营服务为乘客”的理念，突出规划的前瞻性，做好规划与建设管理服务全过程衔接。三是建立综合立体交通网评估反馈和动态调整机制。借鉴国外交通规划经验，加强实时评估和滚动编制，建立规划动态更新机制，同时处理好动态调整机制程序与规划严肃性的关系。

（3）丰富内涵，贯彻以人为本的综合立体交通网规划理念

一是综合立体交通网规划建设中应充分体现综合、立体的规划建设思路，着眼于整体运输效率的提升，在做好旅客联程运输和货物多式联运的前提下，进一步完善不同交通方式的通道、枢纽和服务的融合衔接机制，明确综合立体交通网规划对于各专项规划的指导地位。二是要以让人民群众享受更加安全可靠、高品质的交通服务为出发点，重视运输服务相关内容。三是充分考虑交通与相关产业的融合发展，在规划中预留融合发展业态的需求空间。四是处理好综合立体交通网建设与绿色发展和生态环保的关系，研究把战略环评和污染分析融入规划方案和测试模型中的方法。

（4）优化方法，用新技术提升交通规划的精细化和前瞻性水平

一是要针对综合交通运输体系发展的新阶段，从空间网络和服务网络两个维度，结合社会治理体系变革和多学科融合的背景，促进综合立体交通网的发展与转型。二是综合立体交通网建设要考虑未来网络设施和装备变革对交通运行效率的影响。新技术可能会改变传统“人、车、路、环境”之间的互动关系，传统交通学科中的基础理论假设和参数要随之调整变化。三是伴随移动互联网技术发展起来的各种交通新模式新业态也在改变着新时代的交通供需关系，在综合立体交通网规划中需重点考虑。四是要发挥大数据大样本、多角度和连续观测的技术优势，通过与传统交通模型的结合，为综合立体交通网规划建设提供更广泛直观的数据分析、战略测试和成果展示服务。

## 4.3 综合立体交通网规划方法

我国交通规划的形成与发展，是借鉴国际经验与国内研究及应用实践融合的结果。20 世纪 50 年代，我国高等院校借鉴苏联高等院校的学科设置模式，在土木工程专业下开设城市道路与交通方向课程，开启了道路规划设计与建设的人才培养。1979 年，美籍华人张秋先生在国内举办交通工程讲习班，对我国交通工程学科的发展起到重要的推动作用，也把国外交通规划的相关理论和方法引入我国。之后，同济大学、南京工学院（今东南大学）、北京工业大学、西安公路学院（今长安大学）等高等院校在传统土木工程学科基础上均成立了交通工程教研室，创办了交通工程专业，交通规划被列为交通工程学科的教学内容和培养方向。20 世纪 80 年代中后期，随着一系列交通规划技术方法不断完善，初步建立了以交通起讫点（OD）调查为基础，以“四阶段分析”为核心的传统交通规划的基本理论和技术方法框架。

综合立体交通网由铁路、公路、水运、民航、管道等多运输方式交通网组成，旨在实现各交通运输方式的比较优势和组合效益。开展综合立体交通网规划，首先要充分结合不同的运输方式的技术经济特点和规划方法，在此基础上，从综合交通运输视角制定“综合立体”的规划布局方案。

### 4.3.1 交通规划方法简介

（1）四阶段法

四阶段法分析了土地利用与交通之间的关系，因此成为目前为止最为成熟的交通量预

测分析方法。该方法的核心内容是采用交通量四阶段预测法预测区域路网交通量，以此作为网络布局设计的主要依据。四阶段法以 OD 调查为基础，在确定公路交通现状、OD 交通分布的基础上，推算未来的交通分布，据此将预测到的 OD 流通过标定模型分配到交通网上去，最后依据网络上流量的大小确定技术等级并做出建设时序。

（2）交通区位法

交通区位法以地理空间的经济、政治、安全等相对稳定的需求为规划依据，从经济地理出发，研究规划区域的交通区位线并将其转化为制定公路布局方案的方法。交通区位是指交通现象在地理上的高发（或大概率发生）场所，而交通区位线则是交通现象在地理上高发地带的原理线。引起交通区位线偏移的因素可分为自然地理因素和经济地理因素。自然地理因素是指山文、水文、地质等因素，经济地理因素主要是指经济格局、城市分布、产业布局等因素。交通区位法在适应交通发展需求的同时，更加注重对交通需求的引导。因此，该方法在中长期网络布局和规划方面有较大的优势。

（3）总量控制法

总量控制法属于宏观规划方法，一般用于公路网规划。最早由西安公路交通大学（今长安大学）提出，总量控制法是以路网规模总量为约束条件，根据路段重要度，求解最优路网的方法。此方法充分利用现有的交通调查资料，依据区域内的社会经济发展和生产力布局特点，通过对公路交通需求、路网建设资金等多个总量指标的预测，来控制公路网建设总体规模，确定公路网的总布局，然后综合考虑区域内各节点的政治、经济、文化、地理环境的特点，按照政策、技术、经验相结合的原则将规划期间的网络流量分配至各线路并由此确定其技术等级及建设排序。

这种方法侧重宏观上的关联分析，简便易懂、经济节约、可操作性强，比较适合我国国情，但由于对交通需求缺乏深入的调查分析，在理论上还有待于进一步完善和检验。

（4）节点重要度法

节点概念被广泛用于图论、地理经济学和区域规划等领域。节点布局法是通过分析路网节点和选择节点间路线形成规划路网的布局方法。节点重要度法是通过对节点重要度、路线重要度和路网重要度的计算，完成由点到线、由线及网的布局过程。该方法首先是确定网络节点，并用节点的总人口、旅游价值、地区生产总值、土地面积等能反映节点功能强弱及地位高低的指标，计算各节点的重要度。特别指出，旅游路的节点重要度需重点考虑旅游资源价值的权重。其次，根据路线连接点的重要度，计算路线的重要度。再次，根据重要度最大的原则，确定公路网重要度最大树。最后，在重要度最大树的基础上，以单位里程的路线重要度最大为优化目标，以预测的未来公路网发展里程为约束条件，加边展开，逐次优化，并结合具体情况合理安排各条线路的布局与走向，使交通网由树状向网状扩展完善。

节点重要度反映和度量节点的社会经济活动，可选取反映社会经济活动的指标进行量化计算。反映节点社会经济活动的指标主要有人口数、国内生产总值、国民生产总值、主要工农业产品的产量、工农业生产总值、第三产业产值、社会商品零售总额等。这些指标组合起来反映了节点城镇或区域的社会经济属性。

以上 4 种方法多适用于地面交通网络规划，如铁路网和公路网等。而民航和水运网络规划，往往也是在基本方法的基础上，考虑空域、水域等自然地理条件和交通方式的技术经济特征所做的优化改进。

### 4.3.2 规划方法对比分析

（1）不同交通方式规划对比

相对于其他运输方式的规划，公路网规划在方法和理论体系方面更加成熟。铁路网规划主要采用节点重要度法，即通过对线网连接的控制节点的选定，形成初步的网络布局结果，然后结合铁路自身的运输特点及国家层面的战略，对初步的网络布局结果不断优化完善。航空网由于不存在实体线网，其网络的构建更多地依赖航空枢纽节点的规划和建设，通过确定不同层级的航空枢纽节点，以一定的规划原则开展运输组织规划。水运网规划则受航道的天然限制，规划侧重航道网络的升级改造及港口的布局，航道网络的升级改造主要依赖对航运量的预测，通过预测研判不同航道的等级结构；港口的布局是建立一定的港口指标评价体系，将港口节点按照一定的原则和模型划分层次后，确定港口布局方案。

总体来说，不同运输方式间布局规划方法的借鉴意义不是很大，但通过梳理不同运输方式间的布局规划原则和规划重点，有利于我们在开展综合交通规划时更好地把握每种运输方式的特点，在制订规划原则和规划目标时能够充分考虑每种运输方式的特性和其在国家战略中的定位，在布局方案中能充分发挥各种运输方式的比较优势、优化衔接和协调。不同交通规划方法对比见表 4-1。

**不同交通规划方法对比** 表 4-1

| 规划方法 | 优缺点 | 应用领域 |
|---|---|---|
| 四阶段法 | 四阶段法理论体系完善并具体地分析了土地利用与交通之间的关系，因此成为目前为止最为成熟的交通量预测分析方法。但是该方法过分依赖交通调查，预测结果易受数据调查精度的影响；同时，该方法也缺乏对相关因素全面性和客观性的考虑。因此，该方法基于现状的交通需求预测结果并不能成为规划的目标，而只能作为一种辅助决策或政策分析的基本手段 | 公路网、航空网 |

续上表

| 规划方法 | 优缺点 | 应用领域 |
| --- | --- | --- |
| 节点重要度法 | 节点重要度法比较好地解释了土地利用、交通需求与交通设施之间的关系。因此，该方法总体上体现了区域的整体服务要求。该方法在应用中定性成分相对较多，如在计算节点重要度时，各经济指标的权重需要人为主观确定，不同的人考虑的因素不同，得到的节点重要度也不同。这令使用节点重要度法得到的规划布局方案带有不确定性。另外，该方法在区域外因素对区域路网布设的影响分析方面也存在很大不足 | 公路网、铁路网、航空枢纽及港口布局等 |
| 总量控制法 | 总量控制法从宏观的角度整体把握了公路网的发展方向，研究了区域的经济布局及其规模与运输网络形态之间的关系。同时，该方法较为适合中国当前国情，能够最大限度地利用现有的统计资料，资料获取相对方便。但该方法在分配路段交通量方面还存在不足，影响了道路等级确定的可靠性 | 公路网、航空网 |
| 交通区位法 | 交通区位法以地域空间的经济、政治、安全等相对稳定的需求为规划依据，以能够满足长期发展、相对稳定的交通需求为最终目的，在适应交通发展需求的同时，更加注重对交通需求的引导。因此，该方法在中长期线网的布局和规划方面有较大的优势 | 公路网、铁路网 |
| 数理解析法 | 数理解析法适用于初始交通网络或小规模网络的规划，缺点是缺少系统分析、不进行整体优化 | 航空网络 |
| 多目标约束优化算法 | 多目标约束优化算法将问题抽象化描述，通过建立模型并运用智能优化算法求解分析，对于实际问题缺乏考虑，多侧重理论层面探讨 | 公路网、铁路网、航空网、航道网 |
| 经验调查法 | 经验调查法属于人工规划方法，缺少足够的定量分析。人的主观因素易造成偏差、随机性大、不够科学，因此该方法难以实现对网络布局方案的优化。该方法应结合科学的方法，规范系统地应用专家经验，才有一定的意义 | 航空网、公路网、铁路网、水运网 |

（2）不同层级综合交通规划对比

可以看出，规划层级越高，越侧重战略性和指导性，对规划方法的精度要求越低。涉及国家和区域发展战略较多的规划，需要考虑的因素较多且很多因素无法进行量化，因此在综合交通规划中国家和区域层级多为确定战略性的发展方向。同时，由于区域范围数据的可获取性和模型的复杂性等因素，国家和区域层级的规划模型相对较少。相对地，规划层级越低，越侧重规划的实施性，对规划方法、规划数据的精度要求越高。在市域规划层级中，有一些较为成熟的规划模型可以用以解决相对微观层面的问题。

国家级的综合立体交通网规划应逐步成为以政策性内容为主的战略规划，其主要作用在于解决基础设施建设发展的价值判断问题，提出全国交通基础设施建设发展战略重点、应遵循的标准和准则（特别是环保、安全方面的统一要求）及战略性资源（通道、枢纽空间）的控制性要求等，通过中央资金的合理分配使用和相关政策安排保障其有效实施。国家级交通规划应当与国家生态安全保护格局和全国主体功能区规划相协调。

市域层面的综合立体交通网规划则应确定为技术类规划，需要提出具体项目的线位走向及建设要求等，以便与地级行政区层面的国土空间规划相衔接，保证综合立体交通网规划能够在地级行政区层面真正落地实施。县级行政区层面的交通规划，比如“城市道路网规划”“城市轨道线网规划”等与居民的日常出行密切相关的交通建设，在规划布局上，受国家级和省级层面交通规划的指导，除满足交通发展和居民出行的需求之外，还应当与城市空间规划相适应，协调好城镇发展空间、农业空间、生态空间的互动关系，并作为国家宏观空间规划体系、省级中观空间规划体系的重要微观支撑。

区域（省级）综合交通规划介于两级规划之间，需兼顾战略和技术两方面要求。区域（省级）综合交通规划，比如“省域运输网络规划”“长江三角洲城市群综合交通规划”等交通规划主要是满足居民的长距离过境交通需求，其布局在与国家级空间规划相协调的前提下还需要在空间上落实省级层面的生态保护要求，与“三区三线”（城镇空间、农业空间、生态空间 3 种类型空间所对应的区域，分别对应划定的城镇开发边界、永久基本农田保护红线、生态保护红线 3 条控制线）的空间划定相适应，符合国家级和省级的交通发展要求，指导市县级交通建设。

### 4.3.3 综合立体交通网规划布局方法

综合交通网规划布局就是把各种运输方式的节点和线路按一定规律在空间上进行分布与组合的过程，着重要解决的是连通性、可达性和可靠性的问题。综合交通网络结构的布局优化，首先应有利于各种运输方式的充分发展，应充分考虑不同运输方式的优势和功能需求，在科学确定结构比例的基础上使各种运输方式协调发展、有效衔接；其次是加强不同运输方式之间良好的衔接，在确定区域运输通道方向后，优先进行主干网络（包括高速铁路、客运专线、普速铁路等铁路干线和高速公路、高等级公路干线）的布局，再通过普通公路进一步衔接各种运输方式的枢纽节点，运输方式之间的衔接与协作主要体现在客货运枢纽和场站集疏运系统的衔接方面。在满足现有需求的情况下进一步发挥交通运输对经济发展、空间布局结构的先导性作用。

1）基于交通区位理论的节点重要度规划方法

（1）节点重要度

节点重要度代表了区域内各节点的重要程度或地位等级，代表了交通网络中节点客流集散能力的强弱，是路网规划中衡量客流集散点重要程度的主要依据。节点重要度的计算步骤如下：

① 节点的选取。

节点是区域中形成路网的支撑点，每一对节点间在满足交通需要时都会出现客货流。节点决定了规划路网的形态和覆盖范围，关系到路网规划的层次划分，因此节点选取是路网规划的第一要务。在不同的规划研究范围中，节点代表不同的规模。在城市交通规划中节点可以代表城市道路的交叉口或者线路的交叉点，在国家级或特大区域的交通线网规划中节点可以代表一个区域或者一个城市群，而在区域交通规划中节点则可以代表一个城市。

节点的层次性代表了规划线网的层次性，节点的数量决定了研究的精细度。节点数量过多会造成线网规划的工作量过大、规划层次不明，而节点数量太少又会导致线网覆盖度不足和规划粗糙。因此，节点的选取需要针对规划区域的规模和背景，综合考虑规划区域内经济及地理环境的发展状况来确定，以保证节点分布均衡、数量适宜、规模相当。交通网络中节点所处的地理位置和节点的经济因素共同决定了其重要程度和分布形态，城市经济的发展与交通协同共进也促使交通节点与城市融为一体。节点选取应结合规划线网的特性，考虑规划路网在地区经济、政治、国防中的功能、作用及总体规划，选择合理范围内的主要交通集散点作为交通线网规划的主要控制点。

② 指标的选取。

节点重要度代表了节点在一定区域内的重要程度，可以通过某些评价指标的综合计算获得。这些评价指标既能反映节点的社会经济发展水平，也能反映节点的交通状况，还能反映节点所处位置的区位重要性等。一般情况下，选取节点的相关交通状况指标和反映经济社会状况的指标对节点重要程度进行综合评价。

③ 节点重要度计算。

在选取评价指标之后，对于若干个相对独立的指标，节点重要度可以采用加权平均法进行计算。为进一步明确节点的级别，根据计算的结果，按照从大到小的顺序对城市群或城市的节点重要度进行排序，结合城市群的规划背景及节点重要度的大小将所有节点分为几个等级。第一级节点作为综合立体交通网的重要节点，构成网络的主骨架；第二级节点与第一级节点，以及第二级节点之间，构成综合立体交通网络的初级线网方案。

（2）交通区位理论

首先，区位理论是关于人类活动的空间分布及其在空间中的相互关系的学说，是研究人类经济行为的空间区位选择及空间区内经济活动优化组合的理论。交通区位是指交通线的“资源”所在。

利用节点重要度确定网络中重要节点的位置，利用区位重要度确定线路的走向，利用线路重要度确定线路的等级。通过节点和路段重要度的叠加计算，确定线路重要度，为布局线路和确定线路等级奠定理论基础。

2）基于复杂网络的网络优化方法

在基础网络上，添加虚拟节点和虚拟路段，将基础网络转化成为一个由多层子网络集成的分层网络模型，再根据不同类型的交通需求对网络方案逐一测试，优化选取最佳方案。主要由3个步骤构成：

① 构建各交通方式子网络：运用图论方法，在各种交通方式网络的基础上，分析不同交通方式的特征与信息，分别建立与各种交通方式的实体相对应的节点和线段，从而构建各种交通方式子网络。

② 建立综合交通基本网络：根据节点重要度和区位理论，通过枢纽节点发挥锚固作用，构建综合交通基本网络。

③ 建立交通网络与需求的承载力优化方案：根据需求预测结果，将主要客货通道叠加到基础网络中，根据各个网络所对应的重要枢纽城市生成对应数量的虚拟节点，再通过叠加不同交通方式之间的换乘换装节点建立子网络间的联系，逐步形成一个集成多种交通方式的大型多层网络。

在复杂网络构建完成后，明确超级网络中各类弧段的广义费用，然后选择合适的路网存储结构和网络路径搜索算法，最后考虑容量限制进行多次分配，最终推算出网络上的客流分布。

此外，在进行综合立体交通网规划时，还需要注意以下几点：

① 考虑将管道与铁路、公路、水运、民航分离，或把水运也分离出来，主要考虑铁路、公路、民航的综合立体交通规划。

② 要坚持客、货分离原则，不能一概而论。

③ 各重要节点，即重要城市群或重要城市内部，也要努力建成综合立体交通枢纽。

### 4.3.4 综合立体交通网规划步骤

综合立体交通网规划应立足交通运输服务和满足人民美好需要的本质功能，在铁路、公路、水运、民航及管道既有规划基础上，用统一综合分析框架，从客货运输能力与效果角度对5种交通运输方式进行综合研究；围绕综合立体交通网主要功能进行研究，将区域通道、重要城市群、主要枢纽节点作为切入点，采用定量与定性相结合的方法分析网络，以集约利用资源和提高整体网络效率为目标，不断优化网络，最终实现综合交通网和各行业网资源集约利用、融合发展。综合立体交通网规划的具体思路与步骤如下：

（1）用路段重要度法确定段落

按客、货分离原则，根据现阶段运输量，以现有国家综合交通网络为基础，确定运输强度较高的重点路段和选择承担客货运量达到一定标准的重点路段。

（2）连接中心节点成网

依据已确定的重点路段，结合现阶段规划，连接中心节点形成运输功能网。以行政区及中心市辖区为基本单元，从政治、社会、经济、生态文明要求出发，按照支撑战略、服务经济、提升综合交通、促进国土空间发展等原则，应用 GIS（地理信息系统）分析、分层布局等方法，定量整合多种因素建立模型，形成综合立体交通网的中心节点。

（3）形成国家综合立体交通网基础参照网

以单因素分析为手段，考虑旅游、国防、能源基地连接等影响因素，补充相关方案，形成基础参照功能网；将各类功能网进行叠加，形成综合立体交通网基础参照网。

（4）形成国家综合立体交通网主骨架规划基本方案

建立交通小区，在统一框架下，按客、货分离原则，将铁路、公路、水运、民航、管道各方式的运输需求进行叠加，并依据结构弹性系数对交通小区的运输需求进行预测；采用多模式广义模型将交通小区 OD 需求在各方式规划网络上进行分配；将初步规划方案与基础参照网进行比较分析，找出变化情况，研究其合理性并进行优化，最终形成综合立体交通网基本方案。

第5章

# 综合立体交通网影响因素

综合立体交通网
评价理论与实践

综合立体交通网受一个国家的自然地理条件、生产力布局、经济发展、人口分布、城市化模式、政府政策、交通技术、资源环境等多种因素影响。本章从经济地理特征（资源禀赋和分布特征、产业空间布局、城市化模式和人口分布等）、经济社会发展阶段（经济增长、工业化进程、城市化阶段等）、交通基础设施供给的变化（运输政策和制度环境、交通技术进步等）、资源环境约束（土地约束、能源约束、环境约束等）4 个角度着手，分析综合立体交通网的影响因素、影响机理，并对影响因素的发展趋势进行预测。

## 5.1　影响因素及其机理

### 5.1.1　经济地理特征

一个国家的经济地理特征包括该国的资源禀赋和分布特征、产业空间布局、城市和人口分布等，反映了该国基本发展格局，同时决定着该国主要大宗物资的流向和流量以及人口流动的规模和特征。这些经济地理特征是自然和社会长期形成的，或者说具有较长时期的不变特性，是影响综合立体交通网的重要基础因素。

1）资源禀赋和分布特征

煤炭、石油、矿石、粮食等资源性产品是一个国家经济社会发展的基础，其生产和消费空间布局对该国交通网络规模具有重要影响。尤其是在生产和消费空间格局不一致的情况下将产生大规模的大宗物资调运需求，因此要求公路、水路运输等大运量运输方式的运输网络和运输能力与之相适应。由于资源禀赋是相对稳定的，由资源禀赋差异引发的运输需求将是长期的和不易改变的，因此将其视为影响综合立体交通网的主要因素。

我国是典型的资源空间分布和生产力布局不一致的国家，这是造成我国能源、粮食等大宗物资跨区调运需求巨大、铁路网运输能力持续紧张的重要原因。

（1）煤炭生产与消费格局

我国煤炭生产主要集中在山西、内蒙古、陕西、河南、贵州、山东和安徽等七省区，其煤炭产量占全国总量的 70%以上。消费方面，华东、中南和晋陕蒙宁地区是我国煤炭消费的主要地区，占煤炭消费总量的近 70%。同时，由于资源生产和消费空间布局存在着严重的不一致，目前华东、中南、西南等地区存在的能源产销缺口均需通过从国内能源主产地调运或从国外进口的方式解决，形成了我国煤炭“北煤南运”“西煤东运”的基本格局，每年的煤炭调运量巨大。

（2）油气生产与消费格局

在我国未开发原油地质储量中，西北占 30.8%，东北占 25.6%，华北占 15.3%，渤海占 14.4%，华东占 9.5%，中南占 1.5%，西南占 0.1%。由此可见，我国原油资源主要分布在秦岭—淮河以北地区。在未开发天然气地质储量中，西北占 37.2%，中南占 25.5%，华北占 20.5%，三个地区储量占全国总储量的 83.2%。由此可见，我国天然气资源主要分布在中、西部地区。从消费来看，我国原油消费主要集中在东部沿海地区，其中华东地区已成为我国原油消费的主要地区；天然气消费主要集中在西南、华北和华东地区，其中华东和中南地区是我国天然气消费增长最快的地区。随着我国油气消费总量的快速增长，国内生产已不能完全满足消费需要，导致油气进口量大幅增长，进口气量对外依存度逐渐提高。进口油气资源主要有四大通道：西北通道、东北通道、西南通道和海上通道。其中，陆路进口通道的重要性正在逐步凸显。

（3）粮食生产与消费格局

自 20 世纪 80 年代以来，我国东南沿海省份播种面积大量减少，从粮食盈余或基本自给自足状态逐渐变为粮食大量调入；长江中下游地区虽然仍是我国粮食的主产区之一，但其盈余量也在逐年减少；黄淮海地区保持着商品小麦的主体供给地位；东北地区已成为粳稻、玉米等商品的重要粮源供应地；西部地区随着退耕还林还草等工程的实施，粮食生产能力降幅虽然不大，但退耕户的细粮消费量明显上升，小麦、水稻的需求量增加。总体而言，我国粮食流通格局正呈现出“北粮南运”“中粮西运”的态势，粮食生产地域重心发生了由南向北、由东向中的逐渐转移。目前，黑龙江、吉林、河南、江苏、安徽、江西、内蒙古、河北、山东 9 个主产省区净调出原粮占全国净调出原粮总量的 96%，其中黑龙江省净调出原粮位居首位。目前，我国已初步构建六大主要跨省散粮物流通道。这六大通道分别是东北流出通道、黄淮海流出通道、长江中下游流出通道、华东沿海流入通道、华南沿海流入通道和京津流入通道。

资源产品的大运量、长距离调运以及进口量的快速增长对综合立体交通网规模及运输能力提出了较高要求，特别是铁路、水运、管道等大运量运输方式的网络完善程度，决定了能源运输能否顺畅、高效地满足我国经济社会发展的要求。在国内资源生产不能满足需求的情况下，进口资源就成为必然选择，从而也对我国对外运输通道建设提出了要求。

2）产业空间布局

一个国家产业的空间布局和联系，需要以运输作为基础来实现原材料和产成品的空间位移。产业空间布局特征决定了区域间货物运输量的大小，决定了交通运输网络布局和主导运输方式的选择。

从国土面积和产业布局特点来看，我国幅员辽阔，能源、原材料、农业等基础产业主要分布在中西部地区，而加工工业、制造业、高新技术产业多集中于东部沿海地区。这种产业空间布局特征决定了大量能源、矿产资源、农产品及加工产品在东部和中西部之间进行交换，产生了大规模的长距离货运需求。

由于我国国土面积广阔，大宗区际货物交流需要依托铁路这种运量和成本优势明显的运输方式来实现。因此需要铁路网达到一定的规模，以满足能源、原材料、大宗农产品（粮食、棉花等）的区际调运需求。同时，公路作为可实现门到门运输的地面运输方式，在货物集疏过程中具有重要作用，提高货物交流和配送效率，同样也需要公路网密度达到一定程度才能实现。因此，对于我国这样具有长距离调运需求的大国来说，较大规模的交通运输网络是支撑产业空间联系、形成稳定空间分布形态的重要依托。在经济快速发展阶段，交通运输网络规模扩张是产业发展的必要基础条件；而当经济发展和产业布局趋于成熟和平稳之后，由于产业布局的空间差异性所导致的原材料、产成品调运需求仍然存在，此时运输需求的满足应主要依靠提高交通网络使用效率和运输效率来达成。

### 5.1.2　社会经济发展阶段

从长期来看，综合立体交通网与社会经济发展阶段具有紧密的内在关联性。这是因为交通运输作为社会经济发展的基础设施和基础产业，其发展规模和速度应能够适应社会经济发展的需要，与社会经济发展保持一致性。在社会经济发展的不同阶段，交通运输业在国民经济中的地位和作用是不完全相同的，综合立体交通网扩张速度也不尽相同。社会经济发展阶段有多种划分方式，本节主要从经济总量增长、人口增长及流动性水平、工业化和城市化阶段来分析其与综合立体交通网的内在联系。

（1）经济总量增长

从短期来看，经济增长具有波动性。经济增长加速阶段，客货运输需求往往增长旺盛，一定程度上会加剧运力供求矛盾，出现运输紧张局面；而当经济出现下行态势，客货运输需求增长也放缓，往往会出现运力富余和闲置的现象。因此，短期经济增长对综合立体交通网的影响是短期的、易变的。而从长期来看，经济发展阶段对综合立体交通网的影响更具内在规律性，也更具政策参考意义。

（2）人口增长及流动性水平

人口增长和流动性水平对客运需求有重要影响。显而易见，人口总量越大、人口增长越快的国家或地区，客运需求总量和增长率就越大。而在其他条件相同的情况下，人口流动性水平越高，客运需求总量就越大，相应地就要求更大规模、更高服务水平的综合立体交通网与之相适应。

（3）工业化阶段

工业化对交通运输具有重要影响，工业化的不同阶段，运输的对象及运输需求是不同的。工业化初级阶段，运输对象从以农产品和手工业产品为主，逐步转向以大工业所需的矿产能源、原材料、半成品和产成品为主。工业化中期，钢铁、水泥、电力等能源原材料工业比重较大，它们的突出特点是长、大、笨、重，产品的运距较长，附加值较小，形成的运输量很大、运输需求也会相对较多。工业化后期，装备制造等高加工度的制造业比重明显上升，运输产品的附加价值不断提高，这些产品具有短、小、轻、薄、附加值高的特点，因此运量小、运距较短。同时，以信息产业为代表的电子与信息技术、航空航天技术、海洋工程技术、新能源与高效节能技术等技术密集型产业的发展，对于运输的服务效率和服务质量提出了更高的要求。

回顾我国20世纪90年代以来货运周转量与第二产业结构份额的关系，可以看出，随着我国工业化进程的不断推进，在工业化中期，第二产业比重达到峰值（工业化完成的标志之一是第三产业比重大于第二产业比重）。以第二产业比重达到峰值为分界点，我国货物周转量与第二产业比重的变化规律分为两个不同的阶段。第一阶段：第二产业比重上升阶段（1986年至2006年），该阶段内第二产业比重不断上升，从1986年的43.4%增加到2005年的47.3%，到2006年达到顶峰47.9%；在这个阶段，货物周转量增速呈现上升趋势，从6.7%增加到峰值13.8%。第二阶段：第二产业比重回落阶段（2007年至2015年），在2006年之后，第二产业比重开始下降，到2019年下降到39%；同期货物周转量增速呈现下降趋势，从2006年至2010年的12.4%下降到2016年至2019年的2.2%。

我国货物周转量增速与第二产业比重呈显著的正相关性。当第二产业比重上升时，货物周转量增速加速增加；当第二产业比重下降时，货物周转量增速呈下降趋势。

（4）城镇化阶段

城镇化是伴随工业化而产生的人口集聚现象，是判断社会经济发展阶段的另一个重要指标。城镇化过程与客运需求的增长变化具有更加直观的相关关系，城镇化阶段可以更清晰地从客运的角度反映社会经济发展阶段对综合立体交通网的影响。在城镇化的不同阶段，由于人口的聚集规模、空间分布形态、生活方式等的不同特征，导致人们的出行行为呈现出明显的阶段性特征。根据城镇化各阶段客运需求增长的不同特征，描述客运需求总量增长和增长速度的变化大致轨迹。其中，客运需求总量增长曲线与城镇化发展进程曲线类似，也表现为一条被拉长的 S 形曲线；而客运需求增长率曲线大致表现为一条倒 U 形曲线。这表明：在城镇化初期阶段，客运需求总量水平和增长率具有“双低”特征；在城镇化中期阶段同时也是快速城镇化阶段，客运需求总量水平和增长率具有“双高”特征；在城镇化后期，客运需求则呈现出“总量高、增速低”的特征。

与不同城镇化阶段客运需求增长的趋势特征相适应，综合立体交通网规模扩张也具有明显的阶段性特征。城镇化初期，综合立体交通网发展处于起步阶段，由于运输需求总量不大，综合立体交通网的规模和质量对社会经济的影响不明显。城镇化中期阶段，客运需求持续快速增长，要求综合立体交通网规模也相应地快速增长，加快形成适应城镇化模式的客运系统，以满足人们对出行快捷性、舒适性、安全性日益增长的要求。在这一阶段，综合立体交通网发展滞后可能会带来严重的后果，如交通拥堵带来的社会拥堵成本、焦虑成本上升等社会问题，特别是在城市群地区，交通运输系统将成为影响城镇化进程和效果的重要因素。城镇化后期阶段，随着客运需求趋稳，综合立体交通网扩张的意义已不明显，交通运输发展的重点转向提高运输服务的质量，满足社会多层次、个性化的运输需求。

### 5.1.3　交通基础设施供给自身的变化

（1）运输政策和制度环境

综合立体交通网建设需要投入大量的资金，在社会经济发展的特定时期，国家通过实施有针对性的运输规划、运输政策或制度改革，能够促使社会资源流向交通领域，加快综合立体交通网的形成和完善。

我国从 1949 年到改革开放前的几十年时间，在工业优先发展战略指导下，交通运输建设一度滞后，成为国民经济发展的瓶颈。改革开放以来，为了缓解我国交通运输供给短缺的局面，国家加大了对交通运输的投资力度，并在特定的发展阶段形成了一系列具有中国特色的交通建设制度安排。如：“条块结合”的交通管理和投资制度，支撑交通建设的财政、金融、土地和使用者付费制度，1998 年和 2008 年两次金融危机国家采取的扩大内需的积极的财政政策等。这些制度和政策都促进了交通基础设施的快速发展。

（2）交通技术进步

随着综合立体交通网达到一定规模，网络扩张对于提高运输能力和运输效率的边际贡献率下降，而交通技术进步成为提高运输效率的主要动力。在其驱动下，在综合立体交通网规模保持稳定甚至有所收缩的情况下，仍能够满足经济社会发展所产生的各类客货运输需求。

在铁路运输领域，通过发展重载运输，能够大幅度提高铁路运输能力，显著降低运输成本。自 20 世纪 60 年代开始，美国铁路开始发展重载运输，列车编组通常在 100 辆以上，列车质量可达万吨左右，目前美国煤炭运输的半数已经由重运载单元列车完成。尽管目前美国铁路里程只有约 26 万公里，是其高峰总里程的 63%左右，但美国货运总量和运输效率却一直在提高，其中运输技术的贡献功不可没。在我国铁路网总规模增长较为缓慢的情况下，重载运输对于扩大铁路运输能力也起到了重要作用。

此外，电气化铁路与现有其他动力牵引铁路相比，具有运输能力大、速度快、运输成本低、耗能少等优点，因此电气化改造能够大大提高铁路运输能力，有效缓解铁路运输能力不足的问题。在其他运输领域，运输工具向大型化、专业化方向发展也在不增加交通运输网络规模的情况下，实现了运输能力和运输效率的提高。

近年来，信息技术在交通运输领域的推广应用更是大大推动了运输效率的提高，并使交通运输业进入智能化发展新阶段。智能交通系统建设迎合了汽车时代的出行需求特点，同时也以相对较低的投入提高了运输能力和运输效率，使既有的交通运输网发挥出更大的效用。

### 5.1.4 资源环境约束

交通运输网建设需要占用和消耗大量的自然资源，这些自然资源大多是有限的不可再生资源。此外，交通运输发展在解决日益增长的运输需求的同时，还带来了诸如环境污染、生态环境破坏、交通事故、交通拥挤等各类负外部效应。一个国家的自然资源和环境容量都是有限的，资源的有限性和环境的脆弱性都不可能支持综合立体交通网络无限扩张。因此，从长远来看，在资源环境条件的约束下，综合立体交通网存在一个发展的“极限”或者说“度”。

（1）土地约束

从土地约束影响看，生态功能区和禁止开发区的保护，以及 18 亿亩耕地红线，将对交通运输网络规模、建设速度和建设成本产生较大影响。交通运输网络的发展需要依托土地资源，但 18 亿亩耕地红线要严防死守，交通运输发展与土地资源紧缺之间的矛盾愈加尖锐。此外，随着土地审批手续难度的加剧，交通运输网络建设速度将逐步放缓，建设成本也将逐年增加。

从土地利用效率来看，相比公路而言，铁路具有运量大的优势，因此铁路折合单位运输量的占地面积优势较公路更为突出。根据有关研究成果测算，单线常规 I 级铁路与二级公路占地面积之比为 1∶1.3～1∶1.0，复线常规Ⅰ级铁路与四车道高速公路占地面积之比为 1∶2.0～1∶1.5。按运输能力计算，单线常规Ⅰ级铁路是二级公路（二车道）的 3.68 倍，是一级公路的 1.47 倍；复线常规Ⅰ级铁路是一级公路的 5.12 倍，是四车道高速公路的 2.17 倍，是六车道高速公路的 1.50 倍。按照单位运输能力占地面积计算，二级公路（二车道）是单线常规Ⅰ级铁路的 3.68～4.78 倍，四车道高速公路是复线常规Ⅰ级铁路的 3.26～4.34 倍。因此，相对公路而言，铁路运输是一种更为节约土地的地面运输方式，土地利用效率较高。

（2）能源约束

交通运输的发展对能源具有较大的依赖性，时至今日，能源已成为约束交通运输发展的重要外部条件。随着客货运输需求的增长，交通行业能源消耗规模逐年上升，以汽油为例，交通运输行业汽油消费总量约占汽油消费总量的 50%。

在交通运输能源消耗量快速增长的情况下，我国对进口能源的依赖度越来越高。以原油为例，我国原油对外依存度由 2000 年的 28.24%增长为 2015 年的 60%。在相同流量情况下，民航消耗能源最大，其次为公路，再次为铁路。因此，从能源约束的角度来看，我国综合交通运输结构需要进一步调整。同时，探索清洁能源、低能耗的运输装备和组织方式对于能源替代具有十分重大的战略意义。

（3）环境约束

交通运输行业排放的污染物主要是二氧化碳（$CO_2$），还有碳氧化物（$CO_x$）和氮氧化物（$NO_x$），以及碳氢化合物（HC）和微粒物（PM）等。随着交通运输、仓储和邮政业能耗总量的持续增长，其污染物排放总量也呈持续增长态势。全球人口和经济规模不断增长，气候变化问题已成为全球共同面临的严峻挑战，交通运输行业所面临的减排压力越来越大。当前的资源环境条件不支持也不允许交通运输继续走过去粗放式的发展道路，必须统筹考虑综合立体交通网扩张与升级改造、提高服务水平的关系，合理把握综合立体交通网的总规模和建设速度，提高综合立体交通网的运行效率，实现交通运输与环境协调发展。

## 5.2　影响因素的发展趋势

### 5.2.1　资源产销格局

随着我国工业化、城市化进程的推进和消费结构的持续升级，我国能源需求还将保持一定的增长幅度。

煤炭仍在我国未来的能源消费中占有主导地位。目前，煤炭产量主要分布在十三大基地，虽然出现生产重心西移，但总体上维持稳定，因此西煤东运、北煤南运格局将继续保持。随着油气消费量增长，预计我国油气进口规模将继续扩大，但资源生产和消费格局维持稳定。未来，由于工业化、城市化进程趋于平稳，机动化进入饱和期，我国资源消费将步入稳定阶段。

### 5.2.2 经济与人口

根据“三步走”发展战略，中国将在2050年左右达到中等发达国家水平。根据联合国等机构预测，中国人口规模将于2030年前后达到峰值14.4亿左右，并在随后进入负增长阶段。

伴随着人口总数即将抵达峰值及负增长的到来，我国的人口老龄化问题将愈发严峻。根据联合国《人口老龄化及其社会经济后果》确定的划分标准，当一个国家65岁及以上老年人口数量占总人口比例超过7%时，则意味着这个国家进入老龄化社会。随着老龄化程度的加深，过去30年推动中国经济高速发展的劳动力人口规模红利将逐步弱化。

### 5.2.3 城镇化水平

据中国社会科学院和国家发展和改革委员会宏观经济研究院等机构预测，到2030年，我国城镇化率将达到68%左右，城镇人口将超过9.5亿；预计在2033年前后，我国将越过城镇化率70%的拐点，由此结束城镇化快速推进的中期阶段，进入城镇化缓慢推进的后期阶段；经过一段时间发展后，城镇化水平将趋于相对稳定的状态。参照国际经验，结合我国人口规模大、可用于城镇化的国土面积有限及地形地貌复杂多样等国情，认为我国城镇化率峰值应低于发达国家，70%～75%的城镇化率可能就是我国的峰值，届时，预计全国有10亿人口将居住在城镇。

### 5.2.4 运输结构和投融资等政策

（1）运输结构调整会对铁路、水运基础设施网络规模产生一定的促进作用

随着大宗货物运输“公转铁、公转水”政策的深入推进，综合交通运输结构将不断减少公路运输量，增加铁路运输量。可以推测，这一政策的实施会对铁路、水运基础设施网络规模产生一定的促进作用。

（2）交通基础设施投融资政策的调整将会对其规模和结构产生影响

交通基础设施资本密集、高沉没成本等特征，决定了资金在其建设发展中至关重要。铁路方面，尽管目前国家积极地通过允许民间资本进入、批准发行铁路建设债券等一些措施来增强铁路自身的融资能力和财务生存能力，但由于铁路前期大规模建设遗留下来的欠账太多、铁路自我可持续发展能力有限，未来铁路建设资金保障情况不容乐观。公路方面，受燃油税改革、政府收费还贷的二级公路取消收费等政策影响，传统的公路建设融资平台与融资模式发生了一定改变，加之目前尚未建设的公路项目建设条件越来越差、成本越来越高，未来公路建设的资金压力也日益增大。水运和民航方面相对稳定，国家也正积极落实内河水运发展战略和民航强国建设。

### 5.2.5　交通技术进步

展望未来，交通领域正孕育着具有重大产业变革前景的颠覆性技术，北斗卫星导航系统、5G（第 5 代移动通信技术）、可信计算、移动互联、云计算、大数据、物联网、交通通信网等新一代信息技术的深度应用与跨界融合正在推动交通运输发展模式的革命性变化。

智能交通技术（智能预测、智能控制、车路协同、智能服务等）不断深化应用，大数据、云计算、人工智能、精准位置服务等技术的迅速发展，将推动交通运输智能化时代的到来。

共享交通等发展新模式、新业态接连涌现，不断提高交通工具和交通基础设施的利用效率，将会缓解日益尖锐的交通资源有限性与交通需求快速增长之间的矛盾，私人拥有交通工具的需求将逐步降低。

特高压技术的推广应用，会对我国中长距离运输需求产生重大影响，可代替部分铁路和水运的煤炭运输。

“新基建”的大力推进，对于城际高速铁路、城市轨道交通等新型交通基础设施的发展具有一定的促进作用。

### 5.2.6　生态环保与能源消耗

交通运输网络的发展需要依托土地资源，我国尽管幅员辽阔，但是平原地区较少，生态功能区和禁止开发区面积较大，18 亿亩耕地红线要严防死守。

交通运输是能源消耗和温室气体排放的重要领域，而我国已成为全球最大的 $CO_2$ 排放国，国际气候变化谈判形势日益严峻，减排压力不断加大。我国向联合国提交的《强化应对气候变化行动——中国国家自主贡献》已确定了到 2030 年左右 $CO_2$ 排放达到峰值并争取尽早达峰的目标，并提出到 2030 年将非化石能源占一次能源消费比重提高到 20%左右。目前我国仅公路、水路运输能耗就占全国石油及其制品消耗总量的 30%以上，交通运输行业的机动车尾气排放、船舶与港口污染防治等已列入国家污染防治行动计划。

交通运输面临统筹各种运输方式结构，提升运输网络运行效率，向质量与效能发展转型的巨大压力。

第 6 章

# 综合立体交通网评价

综合立体交通网
评价理论与实践

# 6.1 评价背景与定位

## 6.1.1 评价背景

从行业进展看,对综合立体交通网的规划将成为一定时期内行业关于交通规划或交通设施建设的重要导向。近年来,国内交通规划编制工作进展迅速,从国家到地方都已经编制了数轮综合交通规划和系列的专项规划,基本上形成了由综合交通规划和专项交通规划构成的多层次规划体系。然而,在编制大量综合立体交通网规划的同时,国内交通规划行业对规划方案评价的认识还存在不足,现有的交通规划体系中也缺乏对这方面的明确要求,仅有部分针对主骨架或通道的评价研究,相关的专业研究和实践工作还未广泛开展。相对来说,城市规划和国民经济规划都有相对完备的规划评估体系,自国民经济与社会"十五"计划开始,经过多年探索,基本形成了"中期评估+总结评估+年度监测评估"的发展规划评估制度体系。

从评价对象看,综合立体交通网规划更强调统筹融合、便捷高效、高质量发展、调整存量培育优质增量等新理念。综合立体交通网更重视充分发挥各种运输方式的比较优势和组合效率、完善网络布局、优化体系结构、加强衔接协调、提升服务品质、增强系统韧性,更加注重质量效益提升、一体化融合和创新驱动。在宏观层面要加强地上、地下、水上、空中各种运输方式的立体互联;在中观层面要加强通道资源的综合统筹,实现综合运输通道内多种运输方式资源的最优配置;在微观层面要加强枢纽空间的集约共享,实现各方式的有效衔接,为人民便捷舒适出行筑牢基础;在效果层面要用较少的资源发挥更高水平的网络效应和组合效率。

从评价方法看,已有综合立体交通网评价主要集中在综合交通发展水平评价、节点城市之间的交通联系度、公路交通网络可达性等方面。对综合立体交通网的评价成果较少,主要是对特定区域或单一交通运输方式的评价,尚不能完全体现现代交通发展理念及交通运输高质量发展要求,缺乏能准确反映综合立体交通网自身发展特征和发展阶段的结果性、相对量和客观性的指标,无法为我国未来综合立体交通网发展的顶层设计提供有效引导。《国家综合立体交通网指标框架》等文件虽然列出了构建综合立体网评价的指标,但在指标应用和评价流程方面仍然探讨较少。

## 6.1.2 评价定位

开展综合立体交通网评价对发现综合立体交通网存在的问题和为完善综合立体交通网

提供规划、建设、管理等至关重要，也有助于提升综合立体交通网效率，对整个综合交通运输体系的发展起到积极的推动作用。

（1）为交通基础设施网络发展指明方向

开展综合立体交通网评价，对推进地方现代化综合立体交通网建设和交通高质量发展具有重要的“指挥棒”作用。有利于找出综合立体交通网发展存在的问题及可能发挥的潜力，把握综合立体交通网总体发展方向，有利于提升综合立体交通网效率，有效指导各地评价综合立体交通网发展水平。

（2）为定位综合立体交通网发展水平提供依据

立足准确评价综合立体交通网发展水平，发现综合立体交通网存在问题和瓶颈，监测综合立体交通网建设进展，发挥“标尺”作用，科学界定国家或地区交通发展的历史方位和国际地位。

（3）为编制综合立体交通网规划提供指导

综合立体交通网规划作为典型的中长期规划，不断地对规划实施进行评价和监测，加快既有规划的局部调整和优化，无疑能使规划更贴近社会发展需要。综合立体交通网评价能够有效指导地方交通基础设施发展和综合立体交通网规划编制，同时也可以对铁路、公路、水运、民航等各种运输方式规划的编制提出要求。

## 6.2 综合立体网评价要求

### 6.2.1 国家层面

（1）要贯彻新发展理念

必须完整准确全面贯彻新发展理念，始终以创新、协调、绿色、开放、共享的内在统一来把握发展、衡量发展、推动发展；必须把新发展理念贯彻到交通运输发展的各领域和全过程，实现更高质量、更有效率、更加公平、更可持续、更为安全的发展。我国综合立体交通网评价和指标构建也必须贯彻新发展理念。

（2）要体现交通运输高质量发展的时代要求

我国经济已由高速增长阶段转向高质量发展阶段，客观上要求交通运输加快转变发展方式，推动高质量发展，即交通运输发展由“规模速度型”向“质量效益型”转变；同时，优化存量资源配置，扩大优质增量供给，实现交通运输供需更高水平的动态平衡。因此，在综合立体交通网评价和指标构建中也应体现出从“规模速度”向“质量效益”的转变，即体现交通运输高质量发展的要求。

（3）要坚持以人民为中心的发展思想

中国特色社会主义进入新时代，我国社会主要矛盾已经转化为人民日益增长的美好生活需要和不平衡不充分的发展之间的矛盾。国家综合立体交通网建设乃至交通强国建设，都必须坚持以人民为中心的发展思想。具体到综合立体交通网评价和指标构建，也必须坚持以人民为中心的发展思想，建设人民满意交通，增强人民群众的获得感、幸福感、安全感。

### 6.2.2　行业层面

（1）要体现交通强国的基本内涵和价值导向

交通强国的基本内涵是“人民满意、保障有力、世界前列”，价值导向是“安全、便捷、高效、绿色、经济”。开展综合立体交通网评价是落实交通强国战略在基础设施领域的任务和重点工作，也是指导地方编制综合立体交通网规划的必然要求。因此，综合立体交通网评价和指标构建需要从根本上体现交通强国的基本内涵和价值导向。

（2）要落实《交通强国建设纲要》关于基础设施的要求

《交通强国建设纲要》提出了交通基础设施的发展目标，即“现代化综合立体交通网络基本形成。基础设施布局完善，结构优化，能力充分，全球连通度高；各种交通方式衔接顺畅，‘轨道上的城市群’基本形成；建成一批世界级的交通工程；基础设施质量耐久可靠、运行高效；新一代智能基础设施发展成效显著”。《国家综合立体交通网规划纲要》是我国综合交通运输规划体系的顶层规划，综合立体交通网评价和指标构建必须充分体现《交通强国建设纲要》关于基础设施的发展目标要求。

## 6.3　评价内容与方法

### 6.3.1　评价内容

1）综合立体交通网评价

综合立体交通网评价分为内在效果和外在效果。内在效果主要考察综合立体交通网建设实施完成后综合交通系统能否达到预期的系统功能组织效应，具体表现在：综合立体交通网结构是否合理，综合交通各子系统融入系统整体、协同发展的程度如何。外在效果主要考察规划实施完成后，综合交通系统与社会经济发展、资源环境、土地利用协调发展的程度。

（1）综合立体交通网结构合理性评价

综合立体交通网结构主要是指在用地布局、人口密度、经济水平以及社会环境等特定条件下所形成的一定的综合交通方式结构，即各种交通方式基础设施的规模结构。合理的综合立体交通网结构应“宜铁则铁、宜公则公、宜水则水、宜空则空”，切实发挥综合交通运输体系的组合效率和规模效益。因此对综合立体交通网结构的评价应以社会效益最大化为目标，构建一系列评价指标体系并选取相应的评价方法对其进行综合评价。

综合立体交通网结构合理性评价指标的选取可对照《国家综合立体交通网指标框架》《国家综合立体交通网规划纲要》并结合区域实际进行选择，如交通方式结构合理配置水平中的客货运输集约化交通占比、多式联运占比等。

（2）综合立体交通网各子系统协同发展程度的评价

综合立体交通网各子系统的协同发展主要是指综合交通内部各子系统融入整体、协同运行和发挥系统整体规模效应的情况，亦即各子系统协调发展的程度。综合立体交通网系统协同发展主要表现在设施的整合平衡、交通方式的协调运行这两大方面。

综合立体交通网各子系统协同发展程度评价指标的选取可对照《国家综合立体交通网指标框架》《国家综合立体交通网规划纲要》并结合区域实际进行选择，如交通网韧性、交通资源综合利用水平等。

（3）综合立体交通网与社会经济发展的适应性评价

综合立体交通网与社会经济发展的适应性是指综合交通系统内部各方面（包括层次、规模、结构和功能等）在社会经济发展的各阶段，与经济发展各方面相互协调、相互促进，并有实现高质量可持续发展的能力。具体而言就是综合立体交通网要以合理的规模、结构、空间布局、功能以及建设资金投资比例，来满足社会经济发展派生出来的交通需求，遵循经济发展的基本规律且适应经济社会发展的需要。

综合立体交通网与社会经济发展的适应性评价指标的选取可对照《国家综合立体交通网指标框架》《国家综合立体交通网规划纲要》并结合区域实际进行选择。如国家综合立体交通网主骨架能力利用率、交通与经济适应度等，反映交通基础设施建设与经济发展之间的匹配程度，从交通基础设施供给与交通需求总量及结构是否匹配、建设的时间节点是否合适等角度来进行评价，可用通道交通饱和度、城市道路面积率、综合交通枢纽群饱和度综合计算得出。

（4）综合立体交通网与资源环境的协调性评价

综合立体交通网与资源环境的协调性评价主要是在综合立体交通网规划建设时充分考虑我国资源禀赋和环境承载能力，把绿色发展摆在更加突出的位置，促进交通各类资源节约集约利用，提高可持续发展能力；同时考虑与环境生态平衡、自然资源开发利用、生产力布局、经济发展战略相一致，满足社会经济发展的需要，实现自身的可持续发展。

综合立体交通网与资源环境的协调性评价指标的选取可对照《国家综合立体交通网指标框架》《国家综合立体交通网规划纲要》并结合区域实际进行选择。如交通网绿色发展水平，反映综合立体交通网绿色化程度，综合考虑交通网中绿色交通设施的配置水平、交通网的生态环境保护或污染防治水平等，可采用绿色公路（航道、机场等）发展水平、新能源设施配置率、交通网生态环境保护和污染防治水平等综合计算表征。

（5）综合立体交通网与土地利用的协调发展程度评价

综合立体交通网与土地利用协调发展的程度是检验综合立体交通网规划实施效果的重要方面，两者之间协调发展的评价属于复杂系统的多指标综合评价问题，应建立合理的评价指标体系，选取合适的评价方法来科学评价与分析两者协调发展的程度。如效用函数综合评价法，其基本原理是：将每一个评价指标按照一定的方法量化，变成对评价问题测量的一个“量化值”（效用函数），然后按一定的合成模型加权合成求得总评价值。该方法的一般步骤为：a.评价指标选取；b.评价指标的标准化处理；c.运用数学模型把评价指标体系平均合成，得出一个评价值；d.根据评价标准，判断评价值处于哪个位置，从而研判协调发展程度。

综合立体交通网与土地利用的协调发展程度指标的选取可对照《国家综合立体交通网指标框架》《国家综合立体交通网规划纲要》并结合区域实际进行选择。如主要通道新增交通基础设施多方式国土空间综合利用率、交通资源综合利用水平等，主要反映交通网对各类资源的节约集约利用情况，综合考虑交通网对土地、岸线、空域等资源的集约化利用程度，可采用综合运输通道地下、地面和地上空间的综合利用程度和综合交通枢纽一体化建设程度等表征。

2）综合立体交通网规划评价

综合立体交通网规划评价主要包括规划目标一致性评价，以及空间上的方案一致性评价和时间上的进度一致性评价。

（1）规划目标一致性评价

综合立体交通网规划目标的评价主要是指综合立体交通规划实施一定周期后，根据现状综合立体交通网发展的情况，对规划设定的各项目标的现状值进行计算，并与原规划设定的目标值进行对比分析，研究规划目标与实际情况的契合度，评价规划目标的实现程度和两者之间的偏差并进一步分析产生偏差的原因。这里引入偏差率来反映规划目标实现程度，如式(6-1)所示：

$$\lambda = \frac{|X_2 - X_1|}{X_1} \times 100\% \tag{6-1}$$

式中：$X_1$——规划目标值；

$X_2$——实际值。

综合立体交通网规划目标指标的选取可对照《国家综合立体交通网指标框架》《国家综合立体交通网规划纲要》并结合区域实际进行选择，如享受 1 小时内快速交通服务的人口占比、多式联运换装 1 小时完成率等。

（2）方案一致性评价

综合立体交通网规划方案一致性评价主要是指规划的执行使得实际与规划的内容相符，是对规划实施一段时间后的方案与原规划是否一致进行评价。评价的内容包括综合立体网各类交通基础设施建设状况和综合立体交通网发展战略执行情况。

①综合立体交通网基础设施建设情况的评价。

综合立体交通网基础设施建设情况的评价主要是评价规划实施一定周期后，各类综合交通基础设施的网络布局、建设水平与规划预期是否一致，是反映综合立体交通网规划实施过程的重要指标。

综合立体交通网规划对各类交通设施的不同规划年限的建设水平均有明确要求。交通基础设施建设水平的评价就是对规划实施一段时间后的交通基础设施建设状况与规划预期进行比较，具体而言包括铁路、公路、水运航道、管道及综合交通枢纽等建设水平与规划预期的比较。

对综合立体交通基础设施空间建设的评价主要运用空间叠加技术，通过 GIS 软件分析现状各类交通设施的空间布局是否与原规划提出的相一致。利用 GIS 软件强大的空间数据处理能力，将综合立体交通网规划图与现状图配准后导入 GIS 软件，系统地分析各类交通设施建设的空间分布特征，并设定下列 3 种情况来评价综合立体交通基础设施空间建设总体状况的吻合度，即：a. 设施网络布局和规划相吻合；b. 未实施的规划；c. 违反规划的建设等。

综合立体交通网基础设施建设情况评价指标的选取可对照《国家综合立体交通网指标框架》《国家综合立体交通网规划纲要》并结合区域实际进行选择，如综合立体交通网密度、综合立体交通网通达程度、中心城区至综合客运枢纽半小时可达率、交通基础设施数字化率等。

② 综合立体交通网发展战略执行情况的评价。

综合立体交通网发展战略执行情况的评价主要是评价规划实施一定周期后，对国家层面经济社会发展战略的支撑、引导及保障情况，也是反映综合立体交通网规划实施过程的重要指标。

综合立体交通网发展战略执行情况评价指标的选取可对照《国家综合立体交通网指标框架》《国家综合立体交通网规划纲要》并结合区域实际进行选择，如交通网韧性、重点区域多路径连接比例等。

（3）进度一致性评价

进度一致性评价主要是对照综合立体交通网规划实施安排，评价重点或关键综合立体交通网规划方案的实施时间与规划时间的先后关系，是否安排合理、实现资源的优化利用。

综合立体交通网规划时间进度一致性评价主要是选择一些重大或关键交通基础设施工程的时间进度安排是否与规划方案一致，可设置中间进度控制目标以便及时检查和动态监测实际进度状态，通过阶段性目标的实现确保综合立体交通网规划总目标的实现。重大或关键交通基础设施工程可包括铁路、公路、水运航道、管道及综合交通枢纽等重大项目。

### 6.3.2　评价方法

国内外常用的交通规划实施评价方法主要包括以下几种。

（1）PPIP 评估模型

1989 年，亚历山大（Alexander）和法吕迪（Faludi）拓展了规划实施评估理论，创新性地提出了 PPIP 评估模型。该模型从过程是否一致、进程是否合理、规划方案、实施结果、实施效果等方面对规划实施情况进行综合评价，是一种定性、定量相结合的评估方法，评估工作务实而深刻，程序较为复杂，评估的周期较长，对有关法规、政策等不确定因素考虑比较全面，强调系统性、全面性和整体性的评估。

（2）空间叠加分析

随着3S技术（**遥感技术、地理信息系统和全球定位系统的统称**）在规划领域的不断应用，新技术在规划评估中的应用也不断扩展。GIS技术在我国各城市的规划实施评估中已经得到广泛应用。其中，空间叠加分析主要利用GIS技术对不同区域、不同图层的要素通过空间叠加进行不同专题内容的空间综合分析。

奥尔特曼（Alterman）和希尔（Hill）运用GIS技术将现状建设用地图与规划布局图在空间上叠加并进行一致性的对比分析，通过叠加和定量分析方法，对规划用地结构、规划阶段目标、规划空间布局等方面是否与规划确定的内容相一致进行评估分析，评估过程中还充分考虑了政治、经济、社会等其他因素对规划实施的影响。

（3）因果推断法

因果推断法是根据综合立体交通网规划效果与外界环境之间的因果关系来分析综合立体交通网规划的发展和变化，通过对综合立体交通网规划效果有直接或间接影响因素的分析找出其变化的规律，并根据这种变化规律来确定综合立体交通网规划的预期效果，常用的模型有回归模型、经济计量模型、投入产出模型等。

（4）公众参与法

公众参与是指通过政府部门、开发行动负责单位与公众之间的交流，使公众能够参与到政府决策过程并且防止和化解公民与政策决策机构、公民与公民之间的冲突，是协调社会利益的重要手段。

西方国家自20世纪60年代中期开始，已将公众参与作为规划评估的重要手段，其形式一般分为申诉制度、问卷调查、社团参与、公开征求意见等。通过征询各方面对城市发展的满意程度以及对城市发展的建议，形成评估报告，并将采纳的建议进行公示，作为下一步规划修改的依据，体现公开性和公正性。如加拿大温哥华在规划评估中，开展了公众对城市发展状况满意度评估，政府通过抽样问卷调查的形式，从规划实施环境、发展目标、居住条件、贫富差距、人口特征、教育程度、文化水平等方面的指标了解公众的意见和满意情况，并将公众的意见和满意度划分为5个等级评分。

公众对规划实施评估的参与主要通过满意度调查。开展满意度调查是规划重视以人为本的必然选择，是规划实施效果评估的重要方法。满意度调查主要是调查公众对各级政府实施规划的满意程度，公众的满意度是对规划实施效果最直接和最有效的评价。公众对综合交通发展状况的评价可反映规划的直接效果。同时，这种评估方法还可促使综合立体交通网规划部门了解公众关心的热点并让公众有向政府部门反映意愿的途径。

## 6.4　评价组织与程序

### 6.4.1　评价主体

评价主体应包括政府、专业技术机构、职能部门、社会公众、利益团体及地方媒体等，相关各方均应参与对综合立体交通网规划效果的评价。综合立体交通网规划效果评价应采取由政府组织，专业机构领衔，职能部门合作，社会公众、社会利益团体及地方媒体参与的架构形式；强调公众参与及综合立体交通网规划编制的开放性，实现定期评估、科学决策。

按照在综合立体交通网规划效果评价中起的作用，评价主体可大致分为评价的决策领导机构、组织管理协调机构、责任（执行）机构、参与机构和规划受益者等。

（1）领导机构

综合立体交通网规划评价领导机构是依据正式授权有权就评价工作结果做出决策的组织，原则上与规划审批机构一致，为所在地区人民代表大会、发展和改革委员会或者上一级交通运输局、发展和改革委员会等行业管理部门。

（2）协调机构

综合立体交通网规划评价协调机构是在领导机构的领导下负责评价计划制定、组织和协调评价工作的具体工作机构，同时也是决策机构的办事机构，可为所在地区的交通运输局、发展和改革委员会等行业管理部门。

（3）责任（执行）机构

综合立体交通网规划评价责任（执行）机构是评价工作的具体承担者，负责根据预先确定的目标，制定具体计划并加以实施，并对评价实施的过程和结果承担责任，可为政府部门或第三方评价机构。

（4）参与机构

综合立体交通网规划评价参与机构是纳入评价范围的各类机构，主要是综合立体交通网规划的各类参与主体，它们负有支持评价工作并提供各类必要信息的责任，包括铁路、公路、水运、航空、管道等各个交通运输行业的建设、运营及管理部门，以及城市相关职能部门等。

（5）利益相关群体

综合立体交通网规划评价的利益相关群体主要是公众，规划评价中应从影响力和受益/受损程度等维度聚焦重点公众群体。

### 6.4.2 评价组织

① 综合立体交通网评价由地方人民政府组织开展，交通运输主管部门会同有关部门负责具体的组织评价工作。为便于工作的协调，可成立由地方人民政府牵头的领导小组。领导小组成员单位除交通运输主管部门外，还可包括发展和改革、自然资源、铁路、民航、公安、文化和旅游、生态环境及其他相关部门。

② 综合立体交通网评价从组织模式来看，可以分为3类，即政府自评价、委托第三方评价和独立第三方评价。不同评价组织模式的差别辨析见表6-1。客观性是综合立体交通网规划评价的灵魂，采用第三方评价是实现客观评价的重要手段，而第三方的独立性则是保证客观性的前提。综合立体交通网评价应委托具备相应资质和设计能力的单位承担。

**不同评价组织模式的差别辨析** 表6-1

| 评价主体 | 主要作用 |
|---|---|
| 政府自评价 | 由综合立体交通网规划编制或实施部门对规划目标和任务的实现程度进行评价和总结，侧重任务执行进度和目标完成水平；本质上是内部评价，用于规划监测和内部问责 |
| 委托第三方评价 | 由政府委托专业机构进行综合立体交通网规划评价和深度分析，任务由委托方界定并为委托方的自评价提供专业支撑，为委托方更好地认识规划实施中的问题提供深度分析和见解 |
| 独立第三方评价 | 由独立于综合立体交通网规划编制主体、实施主体或受益主体的第三方机构，自主开展对规划实施情况和效果的评价；独立第三方机构由于缺乏政府内部运作的资料和数据，往往侧重对规划的社会影响和最终效益的评价 |

③ 综合立体交通网评价由同级交通运输主管部门组织论证，着眼于各种交通方式基础设施发展中的突出问题、关键环节和共性需求，强调对规模、质量、效率的综合统筹，注重综合性，避免盲目攀比。

④ 可根据现状评价或目标制定的工作需要，进一步丰富完善评价内容及指标，形成相应的评价体系或目标体系。

第 7 章

# 综合立体交通网评价指标

综合立体交通网
评价理论与实践

## 7.1 指标构建总体思路

构建综合立体交通网指标是全面、系统、准确、深刻认识综合立体交通网本质的内在要求，是把握其核心内容和决定性要素的关键，对评价现有综合立体交通网状况、找出存在的问题及可能发挥的潜力、把握设施网络总体发展水平至关重要，可为发展和完善综合立体交通网提供规划、建设、管理等方面的依据，也有助于提升综合立体交通网效率，对整个综合交通运输体系的发展起到积极的推动作用。

综合立体交通网评价指标体系，既是评价体系，也是战略实施的引领体系。该指标体系应该能够评价我国综合交通网络发展的先进程度和差距，既利于进行纵向、横向对比分析，又可动态调整优化，保持指标体系良好的可扩展性。

一是突出交通强国建设的目标和价值导向。紧扣我国综合交通发展主要矛盾变化，坚持服务大局、服务人民、服务基层、统筹融合、优化供给、集约绿色、智慧创新、安全可靠等原则，围绕综合立体交通网的内涵和特征，充分发挥对综合立体交通网规划编制工作的指引作用。

二是借鉴国内外相关领域评价指标研究经验。全面梳理交通运输网络各类统计指标、国家历次五年交通规划提出的目标指标、国内外研究机构及专家提出的交通发展主要指标等，深入分析我国综合立体交通网发展特征和战略目标，以此作为确定评价指标体系的遵循。

三是确定选取原则。提出指标的选取原则，着重处理好结果性指标与过程性指标、相对量指标与绝对量指标、客观性指标和主观性指标之间的关系，以结果性指标、相对量指标、客观性指标为准，注重社会公众的获得感、幸福感和安全感。

## 7.2 指标准则构建

### 7.2.1 指标准则构建思路

立足指标定位和作用，全面体现交通强国“人民满意、保障有力、世界前列”的基本内涵和“安全、便捷、高效、绿色、经济”的价值导向，借鉴国内外理论研究成果，汇总各类反映交通网络发展水平或评价指标的关键词，按照导向性、代表性、可得性、可比性的原则，把相近或具有包含关系的合并，重新排列组合，得到几方面关键准则，以此提出综合立体交通网各级指标体系的准则。

### 7.2.2 准则的筛选与梳理

（1）准则关键词汇总

①综合立体交通网物理属性类（9个）：布局、规模、结构、综合、立体、互联互通、一体化、覆盖程度、密度。

②综合立体交通网品质类（21个）：高质量、可持续、抗风险、价格合理、包容可及、集约、应急保障、能力充分、结构合理、通达便捷、综合一体、安全可靠、绿色智能、低碳环保、安全通畅、可持续、系统弹性、耐久可靠、运行高效、抗打击、可替代。

③综合立体交通网服务类（13个）：安全、便捷、高效、绿色、经济、方便出行，提升效率、便利水平、正点率、衔接方便性、可达性、多模式，出行成本。

（2）关键准则筛选归类

通过对上述43个综合立体交通网指标关键词汇总分析，把相近或具有包含关系的合并，重新排列组合，总结出“布局、规模、结构、安全、便捷、经济、服务、集约、智能”9类准则，见表7-1。

关键准则归类　表7-1

| 序号 | 准则归类 | 涵盖关键词 |
|---|---|---|
| 1 | 布局 | 布局、覆盖程度、互联互通、立体、互联互通、连通水平、通畅、抗风险、一体化 |
| 2 | 规模 | 规模、密度、能力充分、覆盖程度 |
| 3 | 结构 | 结构、综合、组合效率、协调、结构合理、多模式、高质量 |
| 4 | 便捷 | 衔接方便性、融合一体、可达性、互联互通、通达便捷、综合一体、方便出行 |
| 5 | 安全 | 安全、应急保障、安全可靠、系统弹性、耐久可靠、抗风险、可打击、可替代、安全通畅 |
| 6 | 服务 | 方便出行、包容可及、正点率、通畅性、便利水平、安全通畅、提升效率 |
| 7 | 经济 | 价格合理、出行成本 |
| 8 | 集约 | 集约、绿色、可持续、低碳环保 |
| 9 | 智能 | 绿色智能 |

### 7.2.3 指标准则确定

在9类关键准则的基础上，针对综合立体交通网特点和发展阶段要求，做出以下调整优化：

① 更注重交通网综合立体的特点。各种交通方式的协调发展、准则构建更注重区域或通道交通结构的适应性，实现“宜铁则铁、宜公则公、宜水则水、宜空则空”。同时，关注水、陆、空立体多维度不同交通方式和设施之间的衔接和协调，强调全出行链顺畅转化，发挥多种交通方式的组合效率，将涉及各种交通方式协调、衔接和结构等相关内容都纳入“方式协调”准则。

② 更注重交通网的服务能力和水平。一方面，结合交通强国中“便捷高效”的服务性价值导向，明确将“便捷高效”作为评价准则；另一方面，交通网的“规模合理”和“方式协调”也是服务水平保障的重要基础。另外，将“智能”作为支撑性指标，纳入“便捷高效”准则里。

③ 更注重交通网的经济性。注重人民群众的获得感，降低用户的交通网使用成本，同时注重全要素生产率，并更加尊重经济发展的一般规律，因此将“经济惠民”作为一条评价准则。此外，“安全可靠”和“绿色集约”也是交通网经济性的重要基础。

由此，得出规模合理、方式协调、安全可靠、便捷高效、绿色集约和经济惠民6项准则，同时也是未来综合立体交通网的发展方向和目标，见表7-2。

**指标准则确定思路**　　表7-2

| 序号 | 准则 | 考虑因素 |
|---|---|---|
| 1 | 规模合理 | 规模合理是指综合立体交通网的规模既要能够有效满足经济社会发展需求，又不至于过度超前造成浪费。该准则从物理层面描述综合立体交通网的发展目标，是保障综合立体交通网服务能力和服务水平的基础。规模合理包括网络能力和网络布局两个方面，分别从物理层面和功能层面描述综合立体交通网的供给规模 |
| 2 | 方式协调 | 综合立体交通网应“宜铁则铁、宜公则公、宜水则水、宜空则空”，充分发挥各种交通方式的组合效率，实现各种交通方式间的顺畅衔接和转换，从物理层面描述国家综合立体交通网的发展目标。方式协调包括方式结构匹配和衔接顺畅两个方面，结构匹配是指在有效满足交通需求的前提下实现区域或通道内交通方式的合理配置，衔接顺畅是指不同交通方式在重要节点上的顺畅转换 |
| 3 | 安全可靠 | 安全可靠是国家综合立体交通网构建的基本前提，也是交通强国的价值导向之一。构建安全可靠的交通网，满足人民群众安全放心出行需求，适应新形势下国家安全需要，是国家综合立体交通网建设的第一要务。同时也要注重交通网的韧性，如在重大灾害或事故下的可替代、可修复和抗打击能力。安全可靠可分为保障国家安全和网络可靠两个方面 |
| 4 | 便捷高效 | 便捷高效应体现综合立体交通网的服务性，同时也是交通强国的价值导向之一。该准则从交通网使用者的角度来评判服务效果，主要包含交通网服务水平、网络智能两个方面 |
| 5 | 绿色集约 | 绿色集约的目标是综合立体交通网实现资源集约利用和生态环保。绿色集约是指充分考虑我国资源禀赋和环境承载能力，促进资源节约集约利用，考察交通基础设施节约集约利用土地、岸线、空域等资源的水平。绿色集约包括资源集约和绿色发展两个方面 |
| 6 | 经济惠民 | 遵循经济发展的一般规律，注重综合立体交通网对经济竞争力的支撑，预防交通债务风险，降低社会物流成本，注重用户使用经济性 |

（1）准则 1：规模合理

规模合理是从物理层面描述综合立体交通网发展水平的准则，是保障综合立体交通网服务能力的必要条件。构建规模合理的基础设施网络体系，既能够有效满足经济社会发展对交通基础设施的需求，又不至于过度超前造成浪费。交通服务要实现公平包容，可达性好，能广泛覆盖不同区域和不同人群，使更多人口方便地享受到各层次交通服务，提升交通运输服务范围和水平。规模合理可以从能力供给和空间布局两个维度考虑。

（2）准则 2：方式协调

方式协调是从物理层面描述国家综合立体交通网各交通方式间协调水平的准则，是充分发挥国家综合立体交通网效率的必然要求。构建结构优化的基础设施网络体系是综合立体交通网发挥最大效率的客观要求，应“宜铁则铁、宜公则公、宜水则水、宜空则空”，发挥各种交通运输方式技术经济优势、组合效率和规模效益，实现各种运输方式间顺畅衔接转换。方式协调可以从结构匹配和衔接一体两个维度考虑。

（3）准则 3：安全可靠

安全是交通运输发展的本质要求，是现代交通运输业发展的首要目标。安全可靠是“坚持以人民为中心的发展思想”的具体体现，是国家综合立体交通网构建的基本前提。安全可靠指综合立体交通网既能满足人民群众安全放心的运输需求、减少交通事故和人员伤亡，又能支撑新形势下国家安全的需要。安全可靠可以从网络可靠和安全保障两个维度考虑。

做到安全可靠，首先，必须要把人民群众的生命安全放在第一位，落实好“生命至上、安全第一”理念；其次，需要提高系统韧性和应急救援响应能力，确保交通运输系统的可替代、可修复、抗毁坏能力；第三，需要保障国际物流供应链稳定畅通，提升产业链、供应链安全保障水平，筑牢国家安全交通运输屏障。

（4）准则 4：便捷高效

便捷高效指从增强人民群众获得感、幸福感方面评判交通网的服务效果，实现“人享其行、物畅其流”。重点从用户体验角度衡量交通运输发展成效，聚焦建设人民满意交通，重视人民群众获得感，着眼人和货的空间位移方便、快捷，达成运输生产高效率，实现交通服务方便可得、服务品质快捷顺畅、服务体验感受良好。便捷高效可以从服务水平和网络智能两个维度考虑。

（5）准则 5：绿色集约

绿色集约是指充分考虑我国资源禀赋和环境承载能力，促进资源节约集约利用，考察交通基础设施节约集约利用土地、港口岸线、空域等资源的水平。同时，交通发展应贯彻绿色发展理念，落实生态环保要求，降低污染排放，推动形成绿色发展方式和生活方式。综合立体交通网规划建设应把绿色发展摆在更加突出的位置，提高可持续发展能力。绿色集约可以从绿色发展和资源集约两个维度考虑。

（6）准则 6：经济惠民

经济惠民指综合立体交通网应遵循经济发展的基本规律。首先，立足于满足公众客货运输需求，以合理的时间成本和经济成本，使交通发展成果最大限度惠及全体人民，提高基本交通服务的可负担性；其次，交通基础设施建设财力可承受，确保行业不发生系统性债务风险；第三，交通运输作为国民经济重要产业部门，要全面适应经济社会发展需要，并支撑引领经济社会发展。经济惠民可以从债务风险、用户经济性和经济适应性等三个维度考虑。

## 7.3 指标构建

### 7.3.1 指标构建原则

① 引导性。从满足经济社会发展需求和人民群众美好生活需要出发选择指标，明确综合立体交通网规划建设的方向，引导各类资源要素优化配置。

② 综合性。着眼于各种交通运输方式基础设施网络发展的共性需求，统筹综合立体交通网发展规模、质量、效益，强化指标对区域间、各种运输方式间的交通差异化特征的包容性，避免突出单一交通方式。

③ 代表性。选取指标坚持“少、精、准”，坚持问题导向与目标导向相结合，聚焦影响综合立体交通网空间布局的关键因素，充分发挥主要指标的核心带动作用。

④ 可比性。指标应内涵清晰、通俗易懂、便于对标，既能够进行纵向、横向对比分析，又可根据新形势、新要求动态调整完善。

### 7.3.2 指标构建思路

以习近平新时代中国特色社会主义思想为指导，坚持新发展理念，坚持推动高质量发展，坚持以人民为中心的发展思想，紧扣我国社会主要矛盾，围绕交通强国的基本内涵和价值导向，对标发达国家交通发展特征，综合考虑综合立体交通网的物理形态特征及功能效果，针对综合立体交通网立体互联、统筹融合的特点，创新性地构建指标体系，切实发挥其对综合立体交通网规划建设的引导、评估和推动作用，有力支撑交通强国建设。

### 7.3.3 指标框架构建

围绕规模合理、方式协调、安全可靠、便捷高效、绿色集约和经济惠民等 6 项准则，本书构建了综合立体交通网指标框架。

（1）规模合理类指标

① 指标 1：交通网密度。

该指标反映综合立体交通网的能力供给水平，需要综合考虑经济总量、国土面积、人口数量等与交通网规模的适配性。

指标 1 可通过交通网面积密度、人口密度和经济密度的加权综合计算得出。

② 指标 2：交通网通达程度。

该指标反映综合立体交通网的空间布局，需要综合考虑铁路、公路、水运、民航、管道等各种方式的整体通达与覆盖水平。

指标 2 可通过对外连通度、综合交通重要节点通达率和村镇节点公路（邮政）通达率加权综合计算得出。其中，对外连通度指至少有一种对外交通方式直达的国家或地区数量与全球国家或地区总数的比值。综合交通重要节点通达率指铁路、高速公路、民航中两种以上快速交通方式覆盖的重要节点城市与国家或区域中全部城市的比值；具体计算时还可考虑采用 1 小时内享受快速交通服务的人口占比（%）指标来表征。村镇节点公路（邮政）通达率指已通公路（邮政）村镇节点数量与全部村镇节点数的比值。

（2）方式协调类指标

① 指标 3：交通方式结构合理配置水平。

该指标反映综合立体交通网结构的优化配置水平，在有效满足区域或通道交通需求的前提下，选择与经济社会发展和人民群众需求相适应的交通方式。

指标 3 可通过客货运输集约化交通占比、多式联运量占比等加权综合计算得出。其中，客运集约化交通占比指采用城市公共交通、轨道交通的运能比例；货运集约化交通占比指采用铁路、水运等集约化交通运能比例。

② 指标 4：综合交通枢纽衔接转换效率。

该指标反映综合立体交通一体化发展水平，需要综合考虑交通枢纽城市空间布局和客货枢纽的衔接转换效果。

指标 4 可通过交通枢纽城市空间布局合理性、综合客运枢纽比例、进港（园区）铁路比例和枢纽换乘（转换）时间等加权综合计算得出。其中，交通枢纽城市空间布局合理性指交通枢纽城市与综合运输通道的匹配程度；枢纽换乘（换装）时间指客货在不同交通方式间换乘（换装）过程中占用换乘（换装）衔接设施的时间。客运可采用综合客运枢纽至中心城区半小时可达率表征。货运方面可采用多式联运换装 1 小时完成率表征。

（3）安全可靠类指标

① 指标 5：交通网韧性。

该指标反映综合立体交通网的可靠性水平，可重点考虑综合运输通道、关键路段在突发事件下的可替代、可修复、抗毁坏能力。

指标 5 可通过交通网连通可靠性、时间可靠性和容量可靠性加权综合计算得出。其中，连通可靠性指在突发事件情况下，网络节点保持连通的概率；时间可靠性指在突发事件情况下，网络或通道保持预定运行时间的概率；容量可靠性指在突发事件情况下，交通网在可接受的服务水平下容纳一定交通量的概率。具体计算时可采用重点区域多路径连接比例等来表征。

② 指标 6：基础设施质量。

该指标反映综合立体交通网基础设施的高质量发展水平，综合考虑交通基础设施的品质和耐久性。

指标 6 可通过交通基础设施的品质水平和耐久性加权综合计算得出。其中，交通基础设施的品质水平指交通网络中的线网、枢纽和其他相关各种附属设施的技术状况良好率；基础设施的耐久性指基础设施在一定服务水平下的运营时间与设计寿命的比值。

③ 指标 7：安全保障水平。

该指标反映综合立体交通网对国家安全的保障水平，可综合考虑交通网与国防建设需要的衔接和对国防能力的提升。

指标 7 可通过国防交通发展水平表征，具体指交通网建设与国家安全形势的协调程度。

（4）便捷高效类指标

① 指标 8：交通网畅通程度。

该指标反映综合立体交通网的整体运行状态，应重点考虑交通网运行预期时间、设计速度或运营计划的实现程度。

指标 8 可通过对畅通路段比例、公共交通及航班准点率等指标加权综合计算得出。其中，畅通路段比例指非经常发生拥堵路段里程在路网中的比例；准点率指正点到达的车次或航班的比例。

② 指标 9：交通网服务设施配置水平。

该指标反映综合立体交通网的综合服务水平，应以满足个性、多元、方便、快捷等交通需求为出发点，综合考虑交通网中各类服务设施的配置比例。

指标 9 可通过无障碍设施、枢纽内的服务设施、服务区等配置比例加权综合计算得出。

③ 指标 10："123" 交通圈人口覆盖率。

该指标反映综合立体交通网服务的时效性，应综合考虑都市区 1 小时通勤、城市群 2 小时通达、全国主要城市间 3 小时覆盖的实现程度。该指标为全国性指标，各地可根据实际情况选用。

指标 10 可通过都市圈 1 小时交通圈、城市群 2 小时交通圈、主要城市 3 小时交通圈的人口覆盖率加权综合计算得出。其中，都市圈 1 小时交通圈人口覆盖率指城市轨道交通 1 小时交通圈覆盖人口与都市圈总人口的比值；城市群 2 小时交通圈人口覆盖率指高速铁路、轨道交通、高速公路 2 小时交通圈覆盖人口与城市群总人口的比值；主要城市 3 小时交通圈人口覆盖率指 3 小时内能通过高速铁路、民用航空等到达国内主要城市（北京、天津、上海、重庆、广州、武汉、成都、杭州、西安、深圳等城市）的交通圈覆盖人口与国家总人口的比值。

④ 指标 11：交通网智能化水平。

该指标反映综合立体交通网的先进程度，综合考虑交通网中智慧型交通设施的应用情况和群众的智能出行体验。

指标 11 可通过智慧交通基础设施发展水平、交通网运行实时监测率和交通网对车联网、未来新型交通装备的适应性等加权计算综合得出。其中，智慧交通基础设施发展水平指智慧公路、智慧港口、智慧机场等设施的比例；交通网运行实时监测率指纳入实时监控的交通设施比例。

（5）绿色集约类指标

① 指标 12：交通网绿色发展水平。

该指标反映综合立体交通网生态环境保护和污染防治水平，可综合考虑交通网与生态环境的适应性和交通网中绿色节能交通设施的配置水平等。

指标 12 可采用交通网生态环境保护水平、绿色设施配置率和新能源设施配置率等加权综合计算得出。其中，交通网生态环境保护水平指交通项目落实生态环保理念，制定生态保护和水土保持等措施，实施生态环境修复的效果；绿色设施配置率指绿色公路、绿色港口、绿色机场等设施的比例；新能源设施配置率指交通枢纽、公共停车场和服务区等新能源设施配置比例。

② 指标 13：交通资源综合利用水平。

该指标反映综合立体交通网对各类资源的节约集约利用情况，综合考虑交通网对土地、港口岸线、空域等资源的集约化利用程度。

指标 13 可通过综合运输通道集约利用水平和综合交通枢纽一体化建设程度等加权综合计算得出。其中，综合运输通道集约利用水平指通道内地下、地面和地上空间的综合利用程度。具体计算时，可采用主要通道新增交通基础设施多方式国土空间综合利用率来表征。

（6）经济惠民类指标

① 指标 14：交通支出占消费支出比例。

该指标反映用户使用综合立体交通网的经济可负担性，应从居民消费支出结构角度，考察交通出行成本的合理性。

指标 14 可通过居民消费支出中用于交通出行消费支出所占的比例来表征。

② 指标 15：债务风险承受能力。

该指标反映防范和化解交通债务风险的能力，从资金保障的可持续性出发，重点分析综合立体交通网建、管、养、运等方面所涉及的举债融资规模，以及管理、养护、运营资金保障程度等。

指标 15 可通过对资产负债率、通行费还本付息率和养护运营资金满足程度等加权综合计算得出。其中，资产负债率，指交通负债总额与交通资产总额的比值；通行费还本付息率，指交通网通行费收入与交通网还本付息的费用的比值；养护运营资金满足程度，指实际投入的养护运营资金与需要投入的养护运营资金的比值。

③ 指标 16：交通与经济适应度。

该指标反映交通基础设施建设与经济发展之间的匹配程度，从综合立体交通网供给与交通需求量的匹配程度和综合立体交通网对经济社会的支撑等角度来进行评价。

指标 16 可通过交通网建设与经济发展的匹配程度和交通网对经济增长的贡献率加权综合计算得出。交通网建设与经济发展的匹配程度指交通基础设施建设总量、时序与经济发展的适应性，可采用交通通道和综合交通枢纽的饱和度表征；交通网对经济增长的贡献率指交通网建设和拉动相关产业对 GDP 增长的贡献。

## 7.4　典型指标确定与测算

在指标框架基础上，考虑指标的数据可得性、代表性、可测性和综合性等因素，《国家综合立体交通网规划纲要》提出了由 9 项关键指标构成的指标体系。

1）关键指标 1：1 小时内享受快速交通服务的人口占比（%）

（1）指标内涵

1 小时内享受快速交通服务的人口占比是指在 1 小时内通过任一种交通方式能够抵达快速交通方式入口（高速公路入口、高铁站、机场）之一的地理范围内的居住人口占全国总人口的比例。

其中，“快速交通服务”是指由《交通强国建设纲要》提到的“发达的快速网”，即：高速铁路、高速公路、民用航空 3 种交通方式提供的交通服务。

（2）计算方法

关键指标 1 的计算方法如式(7-1)所示。

$$R_{\mathrm{FT}}=\frac{1\text{小时能够享受快速交通服务的人口规模}}{\text{全国人口总规模}}\times 100 \tag{7-1}$$

式中：$R_{\mathrm{FT}}$——1 小时内享受快速交通服务的人口占比，%。

根据国家综合立体交通网规划方案进行测算，预计 2035 年 1 小时内享受快速交通服务的人口占比将超过 80%。

2）关键指标 2：综合客运枢纽至中心城区半小时可达率（%）

（1）指标内涵

综合客运枢纽至中心城区半小时可达率是指旅客经由综合客运枢纽换乘进入所在城市中心城区，能够实现在半小时内到达的比例。

该指标综合反映了民航、铁路等综合客运枢纽空间布局的合理性、集疏运设施配置的完善性和公共交通集疏运方式选择的合理性，是全链条出行快速便捷的重要环节。

（2）计算方法

关键指标 2 的计算方法如式(7-2)所示。

$$R = \frac{\text{半小时可达中心城区的综合客运枢纽数量}}{\text{综合客运数量总数}} \times 100 \tag{7-2}$$

式中：$R$——综合客运枢纽至中心城区半小时可达率，%。

以我国 75 个全国性综合交通枢纽城市为样本，测算综合客运枢纽至中心城区半小时可达率现状值为 70%，预计 2035 年将超过 90%。

3）关键指标 3：多式联运换装 1 小时完成率（%）

（1）指标内涵

多式联运换装 1 小时完成率是指在一次运输过程中发生的集装箱多式联运平均换装时间能够控制在 1 小时内的比例。

多式联运平均换装时间，是指在报告期内，平均完成一次全程运输，集装箱（重箱）从一种运输方式换装到另一种运输方式过程中，人工组织机械作业的换装时间，不包括等待时间。

该指标表征多种运输方式间作业衔接效率，指标值越低，表明衔接能力越强、转运效率越高，是该项目中换装机械配备、货物组织调度、站场管理等转运能力的综合体现。

（2）计算方法

关键指标 3 的计算方法如式(7-3)所示。

$$R = \frac{\text{1 小时能够实现多式联运换装的枢纽数量}}{\text{多式联运枢纽总数}} \times 100 \tag{7-3}$$

式中：$R$——多式联运换装 1 小时完成率，%。

根据对交通运输部、国家发展和改革委员会批复的多式联运示范项目的统计，多式联运换装 1 小时完成率现状值为 87.5%，预计 2035 年 90%以上的多式联运换装时间将控制在 1 小时内。

4）关键指标 4：国家综合立体交通网主骨架能力利用率（%）

（1）指标内涵

国家综合立体交通网主骨架能力利用率是指主骨架交通基础设施中处于能力合理利用区间的设施所占比重。采用民航机场起降能力利用率、铁路主通道通过能力利用率和公路主通道能力利用率是否处于合理利用区间来综合衡量。从交通基础设施利用效率的角度来看，提高交通系统内部的运行组织效率是提高运输能力的有效途径，是优化规划方案的重要依据。

指标结果以百分比的形式表示，分铁路、公路、航空 3 种方式与综合交通基础设施平均值进行比较。

① 利用率小于 0.6，表明服务能力可保障，但是设施富余，闲置较多；

② 利用率在 0.6～0.85 之间，表明服务能力可保障，设施利用在合理范围之内；

③ 利用率超过 0.85，表明服务能力保障不足，存在远期能力紧张问题。

（2）计算方法

分别计算铁路、公路、机场的能力利用率，在此基础上，计算处于 0.6～0.85 区间的设施的比例。将铁路、公路、航空三者的基础设施能力利用率按周转量比例加权平均得到最终结果。

按照周转量比例加权平均，计算得到国家综合立体交通网主骨架能力利用率现状值为 49.4%，预计 2035 年为 60%～85%。

5）关键指标 5：主要通道新增交通基础设施多方式国土空间综合利用率提高比例（%）

（1）指标内涵

主要通道新增交通基础设施多方式国土空间综合利用率提高比例是指主要通道规划新增的铁路、公路、管道等线性交通基础设施与各类型各等级线性交通基础设施，在空间上重叠或紧邻的里程，占规划新增线性交通基础设施总里程的比例。

（2）计算方法

关键指标 5 的计算方法如式(7-4)～式(7-6)所示。

$$H=\left(\frac{R}{r}-1\right)\times 100 \tag{7-4}$$

$$R=\frac{l_x}{L_x} \tag{7-5}$$

$$r=\frac{l_j}{L_j} \tag{7-6}$$

式中：$H$——主要通道新增线性交通基础设施多方式国土空间综合利用率提高比例，%；

$R$、$r$——主要通道新增、既有线性交通基础设施多方式国土空间综合利用率，%；

$l_x$、$l_j$——主要通道新增、既有线性交通基础设施与各类型各等级线性交通基础设施，在空间上重叠或紧邻的里程，km；

$L_x$、$L_j$——主要通道新增、既有线性交通基础设施的里程，km。

根据现有不同地区多方式空间资源综合利用率估算，规划主要通道多方式空间资源综合利用率现状为 21.7%。综合考虑我国地形地貌特点，估算未来主要通道新增交通基础设施多方式空间资源综合利用率将为 40%左右，即比现状综合利用率提升 80%。

6）关键指标 6：交通基础设施绿色化建设比例（%）

（1）指标内涵

交通基础设施绿色化建设比例是指铁路、公路、港口、航道、机场、管道等交通基础设施，按照绿色发展要求和相关绿色交通基础设施标准开展建设和保护的比例。绿色发展要求包括资源节约、生态保护、污染防治、节能降碳 4 个方面，除个别因国防需要和位于特殊地质条件区域外，国家综合立体交通网内的基础设施均应按照绿色发展要求建设。

（2）计算方法

关键指标 6 的计算方法如式(7-7)所示。

$$G = \frac{\left(\frac{l}{N} + \frac{n}{N}\right)}{2} \times 100 \tag{7-7}$$

式中：$G$——交通基础设施绿色化建设比例，%；

$l$——国家综合立体交通网中绿色公路、绿色铁路、绿色管道里程之和，km；

$L$——规划铁路、公路、管道、航道综合里程，km；

$n$——国家综合立体交通网中绿色港口、绿色机场数量之和；

$N$——规划港口、机场数量总和。

交通基础设施绿色化建设比例指标现状值为 80%，估算 2035 年交通基础设施绿色化建设比例将超过 90%。

7）关键指标 7：基础设施数字化率（%）

（1）指标内涵

基础设施数字化率是指具备信息感知、采集传输、服务和控制功能的交通运输基础设施所占比例。

基础设施层面的数字化智能化是发展智慧交通的前提，布局完善交通监控感知网络，推动交通基础设施全要素、全周期数字化，既是实现传统交通设施转型升级的重要方面，也是提升交通网对未来车联网、新型交通工具适应水平的必要条件。

（2）计算方法

关键指标 7 的计算方法如式(7-8)所示。

基础设施数字化是一个不断完善、功能不断强化、内涵不断丰富的过程，现阶段采用纳入实时信息感知和采集的交通网比重来表征。

$$R = \frac{\text{纳入实时信息感知和采集网络的交通网规模}}{\text{国家综合立体交通网总规模}} \times 100 \tag{7-8}$$

式中：$R$——基础设施数字化率，%。

基础设施数字化率现状值估算为76%，预计2035年将超过90%。

8）关键指标8：重点区域多路径连接比例（%）

（1）指标内涵

重点区域多路径连接比例是指实现多路（两种及以上交通方式或同种交通方式的两条及以上路径）连接的重点区域数量与全国所有重点区域数量的比例。重点区域指国家战略区域、重要口岸、能源基地、自然灾害多发地区。

（2）计算方法

本书在计算该指标时将重要口岸、能源基地、自然灾害多发地区的权重各设为1/3。考虑能源基地、自然灾害多发地区的个别区域有所重合，故将能源基地、自然灾害多发地区所共同覆盖的县级行政区域统筹综合计算。计算方法如式(7-9)所示。

$$\text{重点区域多路径连接比例} = \frac{1}{3}\frac{\text{多路径连接的重要口岸数量}}{\text{所有重要口岸数量}} \times 100 + \frac{2}{3}\frac{\text{多路径连接的能源基地、自然灾害多发地区数量}}{\text{所有能源基地、自然灾害多发地区数量}} \times 100 \tag{7-9}$$

计算得出2018年重点区域多路径连接比例现状值为81%，估算2035年重点区域多路径连接比例将超过95%。

9）关键指标9：国家综合立体交通网安全设施完好率（%）

（1）指标内涵

国家综合立体交通网安全设施完好率是指国家综合立体交通网线网设施应具备的安全设施在全寿命周期内处于完好状态、能够保持稳定的安全防护功能的比例。

（2）计算方法

关键指标9的计算方法如式(7-10)所示。

$$R = \frac{\text{综合立体交通网中安全设施处于完好状态的网络规模}}{\text{国家综合立体交通网总规模}} \times 100 \tag{7-10}$$

式中：$R$——国家综合立体交通网安全设施完好率，%。

按铁路、公路、水运网络规模比重加权平均，国家综合立体交通网安全设施完好率现状值为85%，估算2035年规划值为95%以上。

国家综合立体交通网指标体系各指标的测算值与目标值见表 7-3。

**国家综合立体交通网指标体系**　　表 7-3

| 序号 | 关键指标 | 测算值 | 2035 年目标值 |
| --- | --- | --- | --- |
| 1 | 1 小时内享受快速交通服务的人口占比 | 60% | 80%以上 |
| 2 | 综合客运枢纽至中心城区半小时可达率 | 70% | 90%以上 |
| 3 | 多式联运换装 1 小时完成率 | 87.5% | 90%以上 |
| 4 | 国家综合立体交通网主骨架能力利用率 | 49.4% | 60%～85% |
| 5 | 主要通道新增交通基础设施多方式国土空间综合利用率提高比例 | — | 80% |
| 6 | 交通基础设施绿色化建设比例 | 80% | 90%以上 |
| 7 | 基础设施数字化率 | 76% | 90%以上 |
| 8 | 重点区域多路径连接比例 | 81% | 95%以上 |
| 9 | 国家综合立体交通网安全设施完好率 | 85% | 95%以上 |

# 附录　综合立体交通网各运输方式技术经济特征概述

综合立体交通网所包含的铁路、公路、水运、航空、管道5种运输方式有其不同的特性和功能，具体如下文所述。

（1）铁路运输

铁路运输指车辆在机车的牵引下沿着铁路线路运行，实现旅客或货物空间位移的一种运输方式。铁路运输的主要优势是运能大、速度快、成本低，不足之处是通达性差、固定资本庞大、营运缺乏弹性。一般认为其适合中长途、大批量客货运输。铁路运输技术经济特征与比较优势见附表1。

**铁路运输技术经济特征与比较优势**　　附表1

| 指标 | 技术经济特征与比较优势 |
| --- | --- |
| 经济性 | 1. 建设投资费用大；<br>2. 运距长，运输成本较低；<br>3. 运能大 |
| 时效性（含便捷性） | 1. 客运运行速度较快，但非大宗货运运输过程复杂、运达时间不确定；<br>2. 经常性、连续性、通用性较高，班列运输准时性强，受气候和自然条件影响较小，能在较恶劣气候条件下稳定运行；<br>3. 不能实现门到门运输 |
| 安全性 | 1. 平稳性高，运输安全性强；<br>2. 经济可靠性高 |
| 绿色性 | 1. 占用土地较多，但运能大，土地资源利用率高；<br>2. 能耗低，多以电力为动力源，环境污染小 |
| 适用范围 | 中长距离旅客、大批量货物运输 |

（2）公路运输

公路运输指利用载运工具沿公路线路实现旅客或货物空间位移的一种运输方式，现代公路上使用的载运工具主要是汽车。公路运输的主要优势是覆盖面广、适应性强、直达性好、机动灵活，不足之处是土地占用多、能源消耗高、环境污染大、交通事故多。一般认为其适合中短途、小批量、门到门客货运输。公路运输技术经济特征及比较优势见附表2。

**公路运输技术经济特征及比较优势**　　附表2

| 指标 | 技术经济特征及比较优势 |
| --- | --- |
| 经济性 | 1. 建设投资费用较大；<br>2. 运输成本较高；<br>3. 单车运能较小 |

续上表

| 指标 | 技术经济特征及比较优势 |
|---|---|
| 时效性<br>（含便捷性） | 1. 短距离运输速度较快，时速一般在80～120公里；<br>2. 机动性高，灵活性强，通用性好，根据客货运输需求随时起运，货运启动批量最小；<br>3. 受自然条件影响大；<br>4. 公路覆盖面大，社会普及率高，直达性最强，可实现门到门运输 |
| 安全性 | 交通事故率高，安全性差 |
| 绿色性 | 1. 占用土地多；<br>2. 能耗较高，环境污染大 |
| 适用范围 | 短途客货运输，门到门运输 |

（3）水路运输

水路运输是一种以船舶为运输工具，以港口或港站为运输基地，在海洋、江河、湖泊、水库等水域沿航线载运旅客和货物的运输方式，包括内河运输、沿海运输和远洋运输。水路运输的主要优势是占地少、投资省、运能大、能耗低、成本低、公害小，不足之处是受自然条件限制大、覆盖面窄、通达性差、运输速度慢。一般认为其适合大批量、低价值、远距离的大宗货物，以及超大件、超重件货物的运输。水路运输技术经济特征及比较优势见附表3。

**水路运输技术经济特征及比较优势** 附表3

| 指标 | 技术经济特征及比较优势 |
|---|---|
| 经济性 | 1. 建设投资少，主要利用天然航道，除购置船舶、建设港口外，海上航道几乎无其他投资，内河航道建设和维护费用较低；<br>2. 运距长，运输成本最低；<br>3. 运能大 |
| 时效性<br>（含便捷性） | 1. 运达时间相对较长；<br>2. 连续性差，受自然条件限制大（如冬季结冰、枯水期水位下降、大风大雾等）；<br>3. 覆盖面窄，直达性差，不能实现门到门运输 |
| 安全性 | 事故率低，安全性强 |
| 绿色性 | 能耗较低，环境污染相对较小 |
| 适用范围 | 长距离、时间要求不强的大批量货物运输及旅游客运 |

（4）航空运输

航空运输指使用航空器定期或不定期运送旅客、货物、邮件的运输方式。航空运输的主要优势是快速、安全、舒适、货损少，不足之处是投资大、成本高、货运的体积和重量受到限制。一般认为其适合国内、国际长距离客运，以及紧急、高附加值、鲜活货物的远距离运输。航空运输技术经济特征及比较优势见附表4。

**航空运输技术经济特征及比较优势**　　附表4

| 指标 | 技术经济特征及比较优势 |
| --- | --- |
| 经济性 | 1. 建设投资少，但飞机造价高；<br>2. 运输成本高；<br>3. 运能最小 |
| 时效性<br>（含便捷性） | 1. 速度最快，时速一般为800～1000公里；<br>2. 机动性高，航线开辟灵活；<br>3. 受天气条件影响大；<br>4. 不能实现门到门运输 |
| 安全性 | 事故率低，安全性高于其他运输方式 |
| 绿色性 | 能耗大，大气污染大 |
| 适用范围 | 中长距离、高时间价值客货运输 |

（5）管道运输

管道运输指使用管道进行长距离液体、气体、浆化固体货物运输的一种运输方式，其利用输送设备增压以驱动管道中流体货物的输送。管道运输的主要优势是运能大、成本低、占地少、能耗低、污染少，而且安全程度高，易于实现自动化管理，但管道运输的货种有限、流向单一，主要用于油、气的运输。管道运输技术经济特征及比较优势见附表5。

**管道运输技术经济特征及比较优势**　　附表5

| 指标 | 技术经济特征及比较优势 |
| --- | --- |
| 经济性 | 1. 建设投资中等水平；<br>2. 运输成本低；<br>3. 运能较大 |
| 时效性<br>（含便捷） | 1. 经常性、连续性好，长期稳定、连续不间断作业，受天气影响小；<br>2. 灵活性差，特定运输货种 |
| 安全性 | 安全性强 |
| 绿色性 | 1. 占用土地较少；<br>2. 能耗低，主要使用电力驱动，封闭运输，环境污染小 |
| 适用范围 | 固定线路、大量特定货物运输 |

# 参考文献


[1] 李婷婷. 城镇化背景下城市群综合客运枢纽分层布局优化研究[D]. 北京: 北京交通大学, 2017.

[2] 陈伟, 修春亮. 新时期城市群理论内涵的再认知[J]. 地理科学进展, 2021, 5: 848-857.

[3] 李鹏林. 城市客运枢纽布局规划及功能优化技术指南[R]. 北京: 交通运输部规划研究院, 2017.

[4] 吕慎. 基于城市用地与交通一体化的枢纽等级体系研究[J]. 交通运输工程与信息学报, 2005, 3(1): 57-72.

[5] 朱胜跃, 赵慧, 吴海俊. 综合客运交通枢纽分类分级研究[J]. 铁道经济研究, 2012, 2: 22-29.

[6] 漆凯, 张星臣. 我国综合客运枢纽等级分级方法的研究[J]. 交通运输系统工程与信息, 2011, 11(5): 17-21.

[7] LIŽBETIN J, CAHA Z. Theoretical Criteria for the Evaluation of the Operational Performance of Intermodal Transport Terminals[C]. Prague: World Multidisciplinary Civil Engineering-architecture-urban Planning Symposium , 2016.

[8] DERUDDER B, WITLOX F, FAULCONBRIDGE J, et al. Airline Data for Global City Network Research Reviewing and Refining Existing Approaches[J]. GeoJournal, 2008(1): 5-18.

[9] ALUMUR S A, KARA B Y, KARASAN O E. Multimodal Hub Location and Hub Network Design[J]. Omega, 2012, 40(6): 927-939.

# 参考文献


[illegible]

[7] ALUMUR S A, KARA B Y, KARASAN O E. Multimodal Hub Location and Hub Network Design[J]. Omega, 2012, 40(6): 927-9[illegible]